W0381104

LE DRESSAGE DU CHIEN

Valeria Rossi

LE DRESSAGE DU CHIEN

EDITIONS DE VECCHI S.A.
20, rue de la Trémoille
75008 PARIS

Malgré l'attention portée à la rédaction de cet ouvrage, l'auteur ou son éditeur ne peuvent assumer une quelconque responsabilité du fait des informations proposées (formules, recettes, techniques, etc.) dans le texte.
Il est conseillé, selon les problèmes spécifiques – et souvent uniques – de chaque lecteur, de prendre l'avis de personnes qualifiées pour obtenir les renseignements les plus complets, les plus précis et les plus actuels possible.

Les photos de couverture et d'intérieur sont de l'auteur (sauf indication contraire)

Traduction de Nathalie Choukroun

© 1993 Editions De Vecchi S.A. - Paris
Imprimé en Italie

La loi du 11 mars 1957 n'autorisant, aux termes des alinéas 2 et 3 de l'article 41, d'une part, que les « copies ou reproductions strictement réservées à l'usage privé du copiste et non destinées à une utilisation collective » et, d'autre part, que les analyses et les courtes citations dans un but d'exemple et d'illustration, « toute représentation ou reproduction intégrale, ou partielle, faite sans le consentement de l'auteur ou de ses ayants droit ou ayants cause est illicite » (alinéa 1er de l'article 40).
Cette représentation ou reproduction, par quelque procédé que ce soit, constituerait donc une contrefaçon sanctionnée par les articles 425 et suivants du code pénal.

Sommaire

Introduction

Tout le monde sait qu'il y a énormément de livres sur le dressage des chiens d'utilité. J'ai moi-même écrit pour les Editions De Vecchi un « Guide complet du dressage du chien » qui suit pas à pas les diverses phases de l'éducation puis le travail en lui-même.
Je m'attacherai plus particulièrement dans ce livre au dressage du chien de garde et de défense, et ne ferai que de simples allusions aux autres spécialités.
J'ai éprouvé le besoin d'écrire un nouveau livre, à inclure dans cette collection tout en couleur, dans lequel examiner dans le détail les différents emplois du chien d'utilité. En effet, lorsqu'on possède un chien de travail, que ce soit un chien de berger, de garde ou de défense, on ne connaît pas toujours forcément toutes les possibilités qui s'ouvrent à un binôme chien-maître très uni. Le chien est un animal doté de tellement de qualités qu'il peut se rendre utile dans d'innombrables domaines, dont certains sont à portée humanitaire, comme les chiens de sauvetage et de décombres, ou d'autres plus divertissants ou spectaculaires comme l'agility. Beaucoup de gens persistent à croire que ces disciplines sont réservées aux dresseurs professionnels ou très spécialisés, or nombre d'entre elles sont à la portée du simple profane qui, bien sûr, devra effectuer un stage avant d'obtenir des résultats probants. Il existe, à ce propos, des écoles ou des associations prêtes à vous offrir un enseignement sérieux et approfondi qui permet au nouveau

maître de commencer du bon pied dès le début. Ce livre n'est donc pas à proprement parler un traité de dressage : son but est de donner une vue d'ensemble des divers « métiers » qui peuvent être enseignés au chien ainsi que des indications générales sur le type de travail propre à chaque domaine, sur l'investissement que cela implique, sur le temps requis pour atteindre les premiers résultats, et ainsi de suite.

Si désormais tout le monde connaît les fonctions classiques du chien de garde ou de défense, certains seront peut-être surpris de savoir qu'il existe également des chiens « maîtres-nageurs », des chiens qui servent d'oreille aux malentendants, des chiens destinés à la réinsertion des jeunes toxicomanes, etc.. Beaucoup de « métiers » analysés, comme je le signalais plus haut, sont de grande portée humanitaire: même les chiens qui ne sont pas de pure race peuvent effectuer certains de ces travaux. J'espère que ce livre intéressera chacun de vous, et qu'il aidera certains maîtres à suivre, avec leur fidèle ami à quatre pattes, une voie un peu différente de celle du dressage traditionnel, en se mettant éventuellement à la disposition de ceux qui souffrent ou qui ont besoin de l'aide d'un collaborateur très intelligent, très doux, et plein d'amour comme sait l'être un chien.

L'Auteur

La communication chien-homme et homme-chien

Il y a cinq ans, à quelques jours près, je sortais de l'hôpital par une belle journée ensoleillée, portant dans mes bras une petite chose étrange et toute blonde que j'avais très peur de casser, de faire tomber ou d'abîmer. C'était mon fils, que j'avais mis au monde après l'avoir porté en mon sein pendant neuf longs mois, et j'étais aux anges de pouvoir le regarder enfin dans les yeux (même s'ils me lançaient des éclairs de mécontentement) ; et pourtant, l'amour, la joie et la satisfaction n'étaient que bien peu de choses à côté du sentiment qui m'envahissait : la préoccupation.

Oui, j'étais tendue comme une corde de violon, et aujourd'hui je peux affirmer que j'avais toutes les raisons du monde de l'être, si l'on en juge par le jour de mon retour à la maison avec mon bébé, qui fut une véritable comédie dramatique, devenue désormais légendaire dans la famille.

L'explosion, digne d'un feu d'artifice, des tétines de biberons lors de la première tétée de bébé (tétée artificielle parce que le lait maison ne semblait pas satisfaire notre hôte déjà très exigeant) est restée dans les annales ; mais le drame des trous dans la tétine n'est pas négligeable non plus (trop étroit, rien ne sort ; trop large, le lait coule trop vite ; un seul trou ne suffit pas ; deux trous c'est trop, il s'étouffe !), sans parler du premier changement de couches (l'urine s'échappant de tous les côtés en prenant bien soin d'éviter le coussinet superabsorbant dont on nous rebat les oreilles dans les publicités), ni de la première nuit, plus qu'agitée ! (Horreur, il pleure : ça ne va pas ? Horreur, il ne pleure pas : est-ce qu'il respire encore ?).

Après une nuit sans sommeil, couronnée par la tétée tragique de six heures du matin, je m'enfonçai dans un sommeil cataleptique qui aurait très bien pu se terminer le surlendemain matin vers onze heures si le bébé n'avait malheureusement dû manger de nouveau à dix heures. C'est alors que j'ai pointé mon nez à la porte de bébé, morte de sommeil et dépassée par les événements, et que j'ai découvert mon mari enfoui sous une nuée de stérilisateurs, de tétines et de chauffe-biberons, qui s'efforçait d'arracher un petit rot à son fils qui hurlait et semblait peu disposé à se calmer.

Au lieu de lui chanter une berceuse, mon mari ne réussissait qu'à proférer une kyrielle de jurons. Et le visage séraphique et impassible de mon Husky Snowhite, couchée au pied du berceau, et apparemment très amusée par la scène, tranchait véritablement avec ce tableau de famille.

En me voyant, mon mari ne m'adressa même pas la parole.

Bien sûr, je ne m'attendais pas à ce qu'il me saute au cou comme dans les publicités et qu'il m'embrasse amoureusement en me susurrant des mots doux et en me remerciant du magnifique cadeau que je lui avais fait : mais il aurait pu, au moins, me faire un petit signe, même de mauvaise grâce !

Au lieu de cela, mon mari me regarda, regarda le bébé, regarda Snowhite. Puis, d'un air humilié, il se mit à caresser la chienne (qui le remercia d'un coup de langue affectueux plein de compréhension) et déclara : « Elle, elle en a déjà eu dix. Et elle ne dormait pas au moment d'allaiter. Elle n'a jamais eu de crise d'hystérie au moment de changer bébé, et elle n'a pas fait non plus, même deux minutes après l'accouchement, la tête de zombie que tu affiches en ce moment ! Et pourtant, toi tu n'as eu qu'un seul petit ! »

Que dire ?

C'est lui qui avait raison.

Il était épuisé, énervé, endormi, et il s'excusa même pour son accueil mitigé. N'empêche qu'il avait raison...

C'est pourquoi je ne me suis ni fâchée ni scandalisée à l'idée qu'il ait pu comparer notre fils à un chiot (moi-même, il m'arrive souvent de le faire, surtout quand il me met hors de moi, et dans ces moments-là, les chiens y gagnent au change !) : j'ai simplement accepté cette indéniable réalité.

Les chiennes mettent bas en toute sérénité et ne sont aucunement perturbées lorsqu'il s'agit d'élever et d'éduquer leurs chiots : nous les humains, en revanche, devenons complètement cinglés devant les mystères de l'éducation de nos

Nous devons comprendre notre chien et pas seulement communiquer avec lui

enfants. Et si j'admets avoir été (et être restée) une mère particulièrement désordonnée, les nombreux exemples dont j'ai pu être témoin m'ont convaincue que j'étais loin d'être un cas particulier : aucune des mères que je connais n'a jamais eu les certitudes inébranlables d'une chienne au moment crucial de l'accouchement, ni même en ce qui concerne l'éducation de sa progéniture.

J'en déduis que nous, les humains, avons un problème : si nous faisons des erreurs, qui vont à l'encontre de la nature, c'est justement parce que nous sommes indiscutablement humains. En effet, le chien est un animal qui vit en parfaite harmonie avec la nature, même si depuis des millénaires il a abandonné son statut d'animal sauvage : en nous éloignant peu à peu de la nature, nous avons également perdu le sens de cette harmonie, et nous ne sommes plus capables de nous débrouiller tous seuls.

C'est pourquoi il nous semble de plus en plus difficile de comprendre parfaitement notre chien ou notre chat. Voilà la raison pour laquelle j'ai préféré parler de mon fils pour aborder le sujet de la communication interactive entre le chien et l'homme, même si mon fils n'aboie toujours pas ! (il est vrai que d'avoir grandi parmi les chiens le poussa, au début, à essayer la même technique de communication que les chiots ; mais lorsqu'il se rendit compte que ses tentatives canines ne lui attiraient ni les faveurs des humains, ni celles des chiens, il opta définitivement pour sa langue maternelle).

La communication est un concept très complexe : il ne s'agit pas seulement de parler une langue commune et d'émettre des sons - ou des signes - dont le sens soit clair pour l'interlocuteur. Un occidental peut apprendre à très bien parler le japonais, mais cela ne l'aidera pas à comprendre pourquoi au Japon, ils préfèrent discuter assis par terre plutôt qu'autour d'une table, ou pourquoi ils construisent d'immenses villes tentaculaires que le chauffeur de taxi de service vous fait visiter au gré de son imagination dans des rues sans nom.

« Communiquer » et « se comprendre » sont assurément deux choses très différentes : si l'on veut établir un rapport de travail

Il est important d'expliquer au chien ce que nous voulons de lui d'une façon simple et compréhensible

avec un chien, grâce au dressage, il faut immédiatement avoir à l'esprit qu'il ne suffira pas de lui apprendre la signification de certains des mots de notre langage. S'il n'y a pas de véritable compréhension, nous n'aurons qu'un rapport superficiel qui ne pourra jamais se transformer en une réelle communion des intentions et des sentiments.

Nous avons vu tout d'abord, dans le premier exemple, que le chien et l'homme n'ont que peu de choses en commun : le premier vit en harmonie avec la nature, le second suit un rythme biologique complètement artificiel désormais régi par l'omniprésence de la technologie et totalement soumis aux règles que lui impose sa culture. Mon propos n'est pas d'établir le mode de vie idéal, mais, s'il est vrai que nous sommes plus intelligents que le chien, et que c'est nous qui devons le dresser et non l'inverse, il est clair que c'est à nous de chercher à comprendre l'univers dans lequel il évolue, son langage, et surtout sa façon de voir les choses. Ce n'est qu'après avoir fait ce premier pas que nous pourrons nous rapprocher du chien et commencer à lui expliquer, de façon simple et compréhensible, ce que nous attendons de lui.

Une impeccable conduite sans laisse dirigée par C. Peverada

Comprendre le monde canin n'est pas une mince affaire : mais, par chance, certains s'y intéressent et dédient toute leur vie à cette étude. Il y a encore peu de temps, l'idée même aurait fait rire la plupart des dresseurs : pourquoi se donner tant de peine quand le chien obéit de toute façon et se rend utile de la même manière ?

Cependant, d'après les premières études éthologiques, il semble évident qu'un chien en parfaite symbiose avec son maître se rend beaucoup plus utile que celui qui n'a reçu que des inputs mécaniques : si l'on permet au chien de « raisonner » sur ce que l'on attend de lui, il utilisera toutes ses

ressources intellectuelles pour mener son travail à bien, et les résultats en seront bien meilleurs.
On a ponctuellement pu observer ce phénomène, surtout dans des domaines où le chien pouvait exploiter ses sens (comme l'odorat) à un niveau bien supérieur au nôtre. Dans certains cas nous ne réussissions même pas à comprendre mais l'étude de la psychologie canine nous avait mis en position de « communiquer » réellement avec le chien, et de lui donner les moyens de décider en toute autonomie de la meilleure façon d'exploiter ses potentialités.
Ceci fut un sensationnel pas en avant dans le domaine du travail, d'autant plus que lorsque l'on parle de dressage moderne, on ne peut faire abstraction des études éthologiques et psychologiques très approfondies effectuées sur le chien.
Il est clair que ce discours est valable aussi bien pour un professionnel que pour un particulier, maître d'un « chien unique », qui pense peut-être qu'il sera capable de le dresser à ses moments perdus : tant est si bien que déjà le premier pas, à savoir le choix du chiot, ne devrait se faire qu'après une bonne dose d'éthologie.
Nous avons dit que « communication » sous-entend « compréhension » : c'est pourquoi aucun chien ne pourra comprendre un homme s'il ne passe pas par les deux phases de base que sont l'imprégnation et la socialisation, toutes deux très liées dès le plus jeune âge. Ces deux moments vitaux se complètent dès la douzième semaine de vie du chiot.

L'IMPRINTING

Le processus d'imprinting se produit entre la troisième et la septième semaine de vie. Le chiot apprend à reconnaître comme ses congénères tous les animaux (l'homme y compris) qui interfèrent dans sa vie pendant cette période, ce qui constitue la base indispensable d'une vraie communication.
Attention : si le chiot ne ressent pas cet imprinting envers les autres chiens pendant cette période, il pourra y remédier peu à peu tout seul grâce à l'odorat (et peut-être même grâce à d'autres signaux que nous ne maîtrisons pas encore et qui lui disent : « oui, c'est un chien tout comme toi ») ; mais si cet imprinting ne s'instaure pas entre le chien et l'homme, le mal est irréversible car le chien ne recevra plus jamais de signaux de reconnaissance de la part d'animaux qui ne sont pas de la même race que lui. Ainsi, un chiot qui n'aura pas reçu un imprinting correct envers l'homme, deviendra - et restera toute sa vie -, de façon irréversible, un « aliéné » à l'égard de l'homme, coupé de toute forme de communication qui soit.

Si vous achetez, ou devenez propriétaire d'un chien non socialisé après ce laps de temps, il sera trop tard. Il vous sera en effet difficile de modifier le cours des choses. Voilà pourquoi il est si important de s'informer avant!

Comment instaurer l'imprégnation : c'est le travail de l'éleveur. Cela consiste tout simplement à provoquer de nombreux contacts visuels, tactiles, olfactifs et auditifs du chiot avec plusieurs personnes. Si les chiots sont en permanence avec la même et unique personne, ils risquent de ne s'attacher qu'à elle et de rejeter toutes les autres. L'imprégnation est alors limitée. C'est pourquoi il est nécessaire que plusieurs personnes touchent les chiots, s'en occupent et les prennent dans leurs bras. Le chiot doit prendre contact avec « l'espèce » entière, pas uniquement avec un seul individu.

Comment instaurer la socialisation : il faut jouer avec le chiot selon des schémas semblables à ceux qui sont utilisés par les adultes dans leur environnement naturel, en lui donnant des ordres simples, provoquant des réactions simples, et en lui témoignant de la patience, de la fermeté et de la cohérence. L'éleveur doit procéder à la première partie de ce travail en expliquant au chiot qu'il existe deux catégories : les simples soldats et les généraux. C'est là que le maître devra lui faire comprendre que « lui-même » fait figure de général alors que le chiot n'est que le simple soldat !

Entre deux et quatre mois, le chien apprend à accepter sa place dans la hiérarchie de la meute, qui dans le cas présent, est représentée par la famille : à quatre mois, les jeux sont faits. Heureusement, une socialisation imparfaite n'est pas irréversible comme peut l'être une imprégnation ratée. Mais, hélas, il est très difficile de convaincre un chien qu'il n'est qu'un simple soldat lorsqu'il se sent l'âme d'un général, ce qui se produit souvent. Un chiot qui a reçu une bonne imprégnation et une bonne socialisa-

LA SOCIALISATION

La socialisation est l'école de la vie du chiot. Entre sa neuvième et sa douzième semaine de vie, le chien apprend que sa meute est régie par des lois très précises, que certains de ses membres lui sont supérieurs alors que d'autres lui sont inférieurs et que, si l'on peut donner des ordres aux seconds, il faut par contre obéir aux premiers. L'importance de cette phase dans la vie d'un chiot destiné à devenir un chien de travail est primordiale : s'il ne voit pas en l'homme un supérieur hiérarchique, le chien ne lui obéira pas spontanément et, à chaque fois, il faudra remettre en question les rôles de chacun, chose évidemment inacceptable en phase de dressage.

Les premiers pas dans l'enseignement du « assis »

LES TEXTES UTILES

Il est indispensable de se construire une base de connaissances sur l'éthologie et la psychologie avant de se lancer dans le dressage.
Voici quelques textes utiles aux éditions De Vecchi :

DELALIX A.-M. : Dressez votre chien en 6 semaines.
FERRARIO, CALVACHINI : Elever, nourrir, dresser son chiot.
BAUMEL C. : Communiquer avec son chien.
ROSSI V. : Guide complet du dressage du chien.

tion a assumé sa part du travail : il est, lui, déjà en possession des bases indispensables pour « communiquer » avec l'homme. Mais ensuite, l'homme doit se construire ses propres bases, comme nous le disions plus haut : pour ce faire, il devra se plonger un minimum dans l'éthologie et la psychologie canine, afin d'apprendre à utiliser les bonnes clés qui lui ouvriront les portes d'un rapport constructif. Traduit en termes pratiques, cela signifie acheter au moins les textes de base, les lire et les étudier à fond (voir l'encadré de la page précédente). Aujourd'hui, le dressage du chien ne peut plus faire abstraction de cette information de base, et je persiste à dire que cela vaut aussi bien pour les professionnels que pour les particuliers (et surtout pour eux).

Du point de vue humain, cette affirmation est motivée par le fait que le dressage est devenu une science à part entière, et n'est plus le domaine de prédilection des charlatans professionnels : il est donc indispensable de posséder une information correcte pour effectuer un bon travail dont les résultats suivraient la marche du progrès, indépendamment des éventuelles prétentions professionnelles ou des querelles de clocher.

Il faut également se placer du point de vue canin, parce qu'en effet, l'éthologie nous a prouvé que le chien n'est pas un simple « animal », mais plutôt un être pensant et raisonnable, doté en outre de grandes facultés morales. Si ses processus physique et mental sont différents des nôtres, cela ne signifie en aucun cas qu'il nous soit inférieur. Ainsi, si malgré ces évidences, certains s'acharnent à vouloir assujettir un chien (de gré ou de force) au lieu de communiquer avec lui, maintenant qu'ils en ont les moyens, mieux vaut qu'ils oublient l'idée même de dressage.

Si l'ignorance en elle-même n'est pas une faute, l'ignorance due à la vanité en est une : ceux qui refusent d'apprendre avant d'enseigner font preuve de graves lacunes, aussi bien morales (parce qu'ils montrent qu'ils n'ont aucun respect pour le chien) qu'intellectuelles (parce que quelqu'un qui se met à construire une maison sans connaître les principes de base n'est pas seulement vaniteux, il est profondément stupide). Je ne suis pas sûre que de tels individus puissent être fiers de leur condition d'humain ni l'envier à celle des chiens. En tous cas, je souhaite à tous les chiens du monde de ne jamais rencontrer un maître qui entend les exploiter comme des esclaves plutôt que de profiter de la collaboration d'un ami qui travaille à ses côtés parce qu'il l'apprécie et le respecte.

Pourquoi dresser un chien ?

Bien sûr, on pourrait m'opposer une objection à tout ce que j'ai affirmé dans le chapitre précédent. En effet, maintenant qu'on sait absolument tout sur son chien, qu'on essaie d'avoir un bon rapport d'estime et d'amitié, pourquoi ne pas le laisser en paix ? D'où vient ce besoin de vouloir le dresser, le contraindre à accepter nos moindres caprices au lieu de lui laisser vivre en paix sa vie de chien ? N'est-ce pas, encore une fois, un manque de respect à son égard ?

Il est important de commencer le dressage dès la plus tendre enfance, mais toujours sous la forme d'un jeu amusant

La question est pertinente et mérite une réponse adaptée... même si en réalité il y a une erreur de fond, comme le savent les spécialistes de la psychologie canine.
En effet, ce problème doit également être envisagé sous deux aspects : canin et humain. Du point de vue canin (lequel est, après tout, le plus important), le dressage n'est pas vécu comme une obligation. Il est plutôt accepté avec beaucoup de naturel, voire « désiré ».
Le chiot naît avec ce que l'on pourrait appeler « l'instinct de l'apprentissage », qui sous-entend une certaine soumission à l'égard de celui ou celle qui va lui enseigner à chasser, à se battre, à donner l'alarme en cas de danger, etc.
En somme, c'est le chien qui est « demandeur » d'autorité : un chien sans guide, surtout lorsqu'il est jeune, est un chien qui n'est pas sûr de lui, et pour employer un terme humain, on pourrait dire que c'est un chien malheureux. Le chien veut aussi que le chef de meute lui enseigne des choses utiles et qu'il ne se borne pas à le cajoler du matin au soir : il trouverait cela beaucoup trop peu naturel, et souffrirait dans ce cas, comme dans le précédent, de se sentir inutile.
Il est évident que le point de vue humain est plus simple à expliquer : les raisons pour lesquelles on dresse un chien sont presque toujours évidentes. Pour vous donner un exemple, on éduquera l'instinct du chien de garde afin qu'il ne morde que les malfaiteurs et non le facteur ou la tante venue en visite.
Je tiens à souligner, cependant, un point moins évident et moins prévisible, mais tout aussi important : si l'on dresse un chien, c'est pour que son esprit s'ouvre, que son cerveau reçoive des stimuli et fonctionne mieux. C'est ce qui

LE CHIEN « VEUT » ETRE DRESSE

Le chien, en tant qu'animal social, a vraiment besoin de quelqu'un qui le guide pour développer ses capacités : dans la nature, le chiot est « dressé » par sa mère, le grand chiot est « dressé » par le chien adulte, et l'adulte est « dressé » par l'adulte qui lui est supérieur hiérarchiquement.
Dans la meute, chacun doit avoir un rôle bien précis, et doit savoir l'assumer de la meilleure façon qui soit : s'il n'y parvient pas, outre le fait qu'il y laisserait des plumes, il met en danger la structure même de la meute. Et comme ceci est quelque chose que Mère Nature ne peut absolument pas tolérer, il existe en chacun une très forte pulsion à faire le bien pour ses congénères, et pas seulement pour lui-même: mais pour se rendre utile, il faut apprendre un métier, et pour cela, il est indispensable d'avoir un maître.

« Assis ». Xanto di Fossombrone dirigé par C. Peverada

Joll Patthorster Schloss : « confrontation et aboiement »

rend sa vie plus pleine et méritante, contrairement à celle du chien « qu'on caresse » et qui est relégué au rôle de peluche ou de boule de poils.

Ce rôle, à l'inverse de ce que peuvent croire beaucoup de cynophiles mal informés, est loin d'être gratifiant pour le chien : ce serait plutôt une insulte à son intelligence, et par conséquent, l'un des torts les plus graves qu'on pourrait lui faire. Et j'espère que mes propos seront entendus (au moins en partie) par certaines de ces dames qui me regardent travailler avec mon chien, en tenant dans leurs bras leur Mirza emmaillotée dans ses rubans (afin qu'elle ne se fatigue pas, mais surtout qu'elle ne se salisse pas), et qui traitent mon chien de « pauvre malheureux ». Dommage que Mirza ne puisse pas parler et répondre ce qui la démange depuis si longtemps : « Tu ne vois pas que le malheureux ici c'est moi! ». Tous les chiens, - du Pékinois au Dobermann - devraient être dressés, parce que c'est pour eux une exigence naturelle. Il est évident qu'il faut connaître à fond la race du chien qui nous intéresse, comprendre et travailler en fonction de ses aptitudes, et ne jamais le contraindre à faire des choses pour lesquelles il ne possède aucun don.

IL FAUT TENIR COMPTE DES APTITUDES NATURELLES

Chaque race a des aptitudes très précises pour un certain genre de travail ; certaines seront plus polyvalentes que d'autres qui seront plus spécialisées, mais en général, il existe toujours des métiers plus ou moins adaptés à un type de chiens en particulier. Il importe peu, qu'il s'agisse « d'instincts » ataviques ou d'aptitudes créées par l'homme grâce à la sélection : l'important est de bien faire attention à ne pas dénaturer le chien en lui imposant des exercices totalement inadaptés aux spécificités de sa race.
Donc, non au Terre-Neuve de défense (c'est un chien de secours, dont l'amour pour l'homme s'est complètement substitué à l'agressivité), non au Husky de garde (c'est un chien de traîneau sans aucune notion de territorialité), non au Basset d'agility (qui s'abîmerait le dos même s'il sautait des obstacles adaptés à sa taille).
En revanche, je dis oui au dressage qui se fonde totalement sur la nature du chien et de sa race, pourvu qu'il soit pratiqué par un maître préparé, sérieux et surtout respectueux.

Ce que doit savoir le maître

Je crois l'avoir déjà dit assez souvent : le maître doit très bien connaître son chien. Dans ce chapitre, j'aimerais donner quelques conseils pratiques (et autres) au particulier qui a l'intention d'acquérir un chien et de le dresser lui-même pour un travail particulier.
Vu que je ne dispose que de très peu de place, je me limiterai donc à une espèce de « décalogue du dressage », où, à l'aide de quel-

Une leçon collective de «conduite avec laisse»

La progression fantastique d'un Berger allemand

ques conseils très simples, je m'attarderai sur certains aspects moraux et éthiques, qui semblent *a priori* évidents, mais qui méritent, en fait, qu'on y réfléchisse un peu plus.
Que le maître (ou futur maître) du chien ne se laisse pas abuser par la brièveté forcée de mon discours, et qu'il essaie plutôt de se pencher personnellement et sérieusement sur chacun des points abordés, de façon à éviter de tardives et (probablement désagréables) déconvenues.

Pour le dressage du chien, il est nécessaire d'avoir un chien adéquat. Comme je l'ai déjà dit, chaque race a ses particularités (et ses défauts) et il est nécessaire de choisir le chien adapté au type de travail qu'il devra effectuer. Mais j'aimerais cependant vous rappeler que, pour quelque travail que ce soit, il est absolument indispensable de posséder un chien sain et équilibré.
Ce principe devrait, naturellement, s'appliquer à tous les niveaux, mais, si un chien handicapé ou borgne peut aussi bien tenir compagnie à une personne âgée ou à un enfant, il ne pourra jamais être utilisé pour travailler. Il en va de même pour un chien qui se préci-

Pour le dressage, il faut un animal psychologiquement équilibré

pite furieusement sur tous ses semblables, qui a peur de l'homme et qui, par conséquent, semble complètement caractériel.
Comment être sûr d'avoir fait le bon choix et d'avoir enfin « le bon chien » ? C'est simple, il suffit d'avoir fait la bonne acquisition. Ne vous adressez surtout pas à un ami dont la chienne vient d'avoir une portée, ni au revendeur le plus proche. Réservez plutôt, et en temps voulu, votre chiot dans un élevage agréé par la SCC et conseillé par le Club de race du chien qui protège la race qui vous intéresse. Expliquez clairement à l'éleveur que vous désirez un chien de travail en spécifiant le type de travail, et lui se chargera de sélectionner le chiot qui semble le plus prometteur pour l'exécuter. Demandez aussi des garanties (écrites !) sur la désinfection, les vaccinations et l'état de santé général du chiot ; sur ce plan, les sociétés spécialisées donnent également des précisions quant aux tares génétiques soumises à enquête, comme les malformations de la hanche, l'atrophie progressive de la rétine, etc.

Pour le dressage, il faut avoir le caractère adéquat. Les conditions *sine qua non* pour le dressage sont la constance, la patience, la cohérence et surtout une profonde sérénité. Le fait que chacun de nous soit prêt à jurer ses grands dieux qu'il possède ces qualités ne prouve rien, loin de là, surtout que par la suite, lors de la mise en pratique, les terrains de dressage sont pleins d'hystériques, d'inconscients, de violents et de gens affreusement irascibles. Chacun a son caractère. Il est certes très difficile d'en changer. Il vaut mieux s'astreindre, avant la catastrophe, à un bon examen de conscience, et décider sereinement de renoncer si vous pensez qu'effectivement vous n'êtes pas prêt à laisser votre chien vous mener par le bout du nez.

Pour le dressage, il faut du temps. Le chien ne peut apprendre pendant son sommeil avec un magnétophone et un casque sur les oreilles. Si vous voulez bien le dresser, il faudra lui dédier la plus grande partie de votre temps libre. Pour un dressage de base, une demi-heure le matin et une autre le soir peuvent suffire. Cependant, une personne qui travaille trouve difficilement ces deux demi-heures tous les jours, à moins de se lever à l'aube et de se coucher à trois heures du matin. Il vaut mieux, par conséquent, faire les comptes avant de s'engager.

Pour le dressage, il faut le lieu adéquat. On ne peut dresser sé-

Il est mieux de dresser le chien dans un grand espace sans distractions

Le tenue idéale pour dresser un chien est un bon vieux survêtement

rieusement un chien dans des jardins ou sur la plage. Il faut, si possible, un espace clos, sans rien qui puisse le distraire et surtout assez grand. Si vous possédez ce genre de terrain, c'est parfait. Si, en revanche, il vous faut traverser la ville pour y accéder, voilà des minutes supplémentaires à ajouter aux fameuses demi-heures dont nous avons déjà parlé.

Pour le dressage, il faut des vêtements adaptés. S'il est difficile

Il est indispensable d'avoir un assistant pour le travail de défense

de dresser un chien vêtu d'une mini-jupe et de talons aiguille, ce n'est pas non plus évident en veste et en cravate, même si cela laisse une plus grande liberté de mouvements. Au mieux, on peut s'en tirer avec quelques traces de pattes ici et là. Non, l'idéal est le survêtement parce que le temps de se changer s'ajoute encore à la plage horaire prévue pour le dressage.

Pour le dressage, il faut au moins un assistant. Et parfois même plus d'un. Et je ne parle pas du premier volontaire venu, mais d'un vrai cynophile disposé à s'engager corps et âme dans un travail pas toujours évident. L'assistant est indispensable pour le travail sur piste, mais surtout pour les attaques. On touche ici un domaine particulièrement délicat parce que le « figurant », c'est-à-dire celui qui se met dans la peau du malfaiteur, doit être courageux, habile, et doit surtout connaître à la perfection la psychologie du chien en général et celle de son élève en particulier. Dans le cas contraire, il risque de se faire mordre, et le chien risque de devenir perturbé. Si vous n'avez pas de véritable expert sous la main, il sera plus simple et plus judicieux de vous adresser à une bonne école spécialisée pour mener à bien cette phase de travail.

Pour le dressage, il faut des instruments adéquats. Avant de vous lancer dans l'acquisition de nombreux accessoires de dressage coûtant un prix exorbitant, sachez que les instruments vraiment utiles sont :

a) un collier étrangleur en métal ;

b) un collier normal en cuir ;

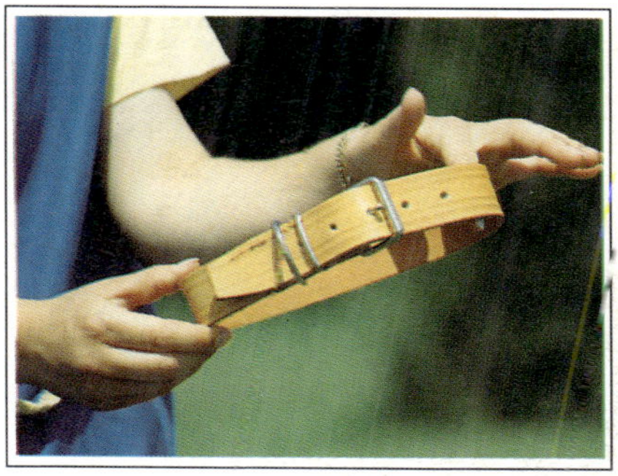

c) une laisse pour dressage longue, fine et maniable ;

d) une corde en coton d'une dizaine de mètres ;

e) un objet à rapporter en bois léger ;

f) un jouet ;
g) une boîte de croquettes.

Et voilà ! C'est tout !

Pour le dressage, il faut avoir l'âge adéquat. Je veux bien que certains livres prônent que le dressage est à la portée des nouveau-nés et des personnes âgées, mais si l'on parle de dressage sportif, je ne conseille pas de s'y aventurer avant l'âge de dix-huit ans, ni après soixante.

Pour le dressage, il faut un chien docile. La condition *sine qua non* est que le chiot soit dès le départ sain et équilibré.
Si le chien ne sait se comporter de manière décente à la maison, en voiture, à l'hôtel, ou même encore avec les autres chiens, il est presque évident qu'il enverra son malheureux dresseur à l'asile de fous !

Pour le dressage, il faut avoir l'esprit sportif. Et être humble. Il faut savoir reconnaître ses erreurs sans rejeter en permanence la faute sur le chien.
Il faut également savoir perdre lors des compétitions sans penser automatiquement que l'adversaire a acheté le juge ou drogué son chien. Si vous ne possédez pas ces qualités, je ne dis pas que vous n'arriverez pas à dresser votre chien, mais vous ne réussirez jamais à vous amuser avec lui. C'est pourquoi il serait peut-être préférable que vous abandonniez votre projet avant même de commencer.

Le dressage à la lutte nécessitant un travail de fond, il est déconseillé aux personnes trop jeunes ou trop âgées

Tout seul, à l'école de dressage pour chiens et maîtres ou chez un professionnel ?

Si vous avez lu le chapitre précédent, vous vous êtes certainement déjà fait une idée précise à ce sujet. En effet, dresser son chien tout seul n'est pas une mince affaire, surtout si c'est une toute nouvelle expérience, et cela pose souvent des problèmes insolubles.

« De mon temps », (une vilaine expression qui reflète malheureusement la réalité), on n'avait pas le choix si l'on désirait apprendre les rudiments du dressage : on prenait son chien, le pauvre, et on s'en servait comme cobaye. De plus, à un moment ou à un autre,

Il est aujourd'hui possible de trouver de bonnes écoles pour chiens et maîtres dans presque toutes les villes

C'est le figurant qui fait le travail le plus important dans les exercices d'attaque

on finissait par embarquer dans l'aventure un malheureux ami qui devait revêtir la manchette de protection et s'improviser figurant (après s'être recommandé au Seigneur !).

Apparemment, aujourd'hui, les choses ont beaucoup changé : partout dans le pays, il y a des écoles pour chiens et maîtres qui promettent des résultats incroyables avec une heure de leçon tous les dimanches. Vous pensez bien que pour les néophytes, c'est le Pérou : j'y vais, je le dresse, et je rentre !

En réalité (et on vous le dira à l'école-même si elle est sérieuse), la situation n'a que « très peu » changé : la leçon dominicale sert à vous donner les bases justes et à vérifier « le travail fait à la maison ». Mais pour ce qui est des autres jours de la semaine, il n'y aura que vous et votre chien, face à face, qui enchaînerez tentative sur tentative, qui vous disputerez même, jusqu'au jour où vous parviendrez finalement à des résultats vraiment tangibles.

La grande différence réside dans le fait que la leçon hebdomadaire servira de référence importante : l'instructeur vous dira à chaque fois si vous êtes sur la bonne voie, si vous vous êtes trompé et comment faire pour corriger vos erreurs et ainsi de suite. Dans ces conditions, vous risquez moins de gâcher les possibilités du chien, comme cela arrive très souvent à ceux qui travaillent uniquement au feeling, en tenant peut-être le

LES DEUX TYPES D'ECOLE

La différence entre l'école chien-maître et l'école réservée au chien est à peu près la suivante :

Ecole chien-maître

Résultats plutôt lents.

Economique pour le cours de base, plutôt cher si l'on veut obtenir un bon dressage.

Amélioration des rapports et liens affectifs avec le chien.

Approche (avec le cours de base) ou bonne connaissance (avec les cours suivants) de la psychologie canine et des techniques de dressage.

Ecole réservée aux chiens

Résultats rapides et sûrs.

Coût de l'opération plutôt élevé.

Rapports et liens affectifs envers le chien inchangés.

Aucune notion de psychologie ni de dressage.

« Aboie ! ». Xanto di Fossombrone dressé par C. Peverada

manuel de dressage dans l'autre main, mais sans jamais avoir la possibilité de faire vérifier leur travail par un expert, ni de le comparer à celui des autres.
En outre, l'école mettra à votre disposition un figurant officiel pour le travail sur l'homme, et ceci est un énorme avantage parce que c'est le figurant qui a le rôle le plus important dans ce domaine.
Par conséquent, mieux vaut aller à l'école que jouer les autodidactes, à condition qu'elle soit sérieuse : pour se rendre compte de la valeur de ses prestations et de l'authenticité de ses résultats, rien de tel que le bouche-à-oreille. Questionnez donc les anciens élèves de l'école. Il ne faut cependant pas s'attendre à des résultats éclatants. L'école vous proposera sans doute un cours de base d'une durée X et d'un coût Y, dont il ne faut pas croire qu'il fera des miracles : vous n'en sortirez pas avec votre chien « dressé ». L'objet de ce cours est de vous donner, à vous et votre fidèle compagnon, les grandes lignes du dressage ainsi que les principes de base, mais certainement pas une méthode approfondie qui pourra engendrer des résultats probants. Vous ne pourrez obtenir de vrais résultats qu'en continuant à fréquenter l'école pendant plusieurs mois, en payant naturellement, des cours de perfectionnement. En fait, l'école peut être un merveilleux outil, à condition de ne pas se méprendre sur les déclarations des dépliants qui en font la publicité, et d'avoir une vision des choses parfaitement claire dès le début. Pour obtenir des résultats, il faut du temps et de l'argent.
Si cela vous semble trop long, ou si vous avez absolument besoin des services d'un gardien pour surveiller votre propriété, deux choix s'offrent à vous : soit vous achetez un chien adulte déjà dressé, soit vous confiez le « chien de la maison » à un vrai professionnel qui vous le rendra « prêt à l'usage » dans un mois ou deux au maximum.

Prédressage (pour tous les chiens)

Le dressage du chien, considéré comme l'enseignement d'un travail spécialisé, commence en général quand le chien est âgé de huit à neuf mois au moins. En effet, à cet âge-là il est possible de lui enseigner presque tous les exercices à l'exception des sauts (pour lesquels il est préférable d'attendre son développement physique complet) et des attaques sur l'homme (qui requièrent son développement psychique complet).

Mais alors, jusqu'à ses huit mois, le chien ne doit-il absolument rien faire ?

« Aboiement » avec récompense. Freda, Rottweiler appartenant à l'élevage Val di Cupo

Non, pas du tout ! Un tel choix serait absurde, et ce pour deux raisons :

a) *pour des raisons pratiques* : tout comme l'homme, le chien possède également les principales capacités pour apprendre dès son plus jeune âge. C'est à ce moment que son esprit est le plus ouvert et le plus malléable, et, par conséquent, prêt à mémoriser facilement de nombreuses notions. Nous serions donc stupides de ne pas en profiter ;

b) *pour des raisons à caractère éthologique* : comme nous l'avons vu, le chien est un animal social qui a réellement besoin d'un guide autoritaire qui lui apprenne à tenir son rôle dans la société.
Il faut également ajouter que le chiot veut ce guide immédiatement, parce qu'il ne se sentirait vraiment pas en sécurité s'il découvrait qu'il est entré dans une meute (lisez famille) sans chef.

On en déduit par conséquent que le chiot est assurément le meilleur élève qui soit. Cependant, s'il est trop jeune pour être dirigé vers une spécialité, que peut-on faire de lui ?
Pour répondre à cela, il faut encore une fois citer un exemple hu-

Le chiot est le meilleur élève qui soit

main : un enfant de cinq ans ne peut certainement pas s'inscrire à l'université, mais cela ne signifie pas pour autant qu'il doive rester inactif. Il ira à l'école primaire, puis au collège et enfin au lycée. Il fera peut-être même des études supérieures.
Pour le chien, c'est à peu près le même principe : le chiot fera en quelque sorte ses classes primaires - que nous appellerons « son éducation » - et qui comprendra les bonnes manières (à savoir ne pas salir la maison, ne pas monter sur les lits, ne pas quémander de nourriture lorsqu'on est à table, et ainsi de suite). A l'âge adulte, il ira à l'université du dressage spécialisé... Entre les deux, il fréquentera lui aussi le collège puis le lycée, en traversant une phase que nous appellerons « prédressage », qui l'occupera de l'enfance, (deux à trois mois) jusqu'à sa quasi-maturité (huit à neuf mois). Au début de cette phase, le chiot apprendra les règles de la bonne éducation en plus des premiers ordres simples à comprendre (il apprendra entre autres à considérer son maître comme un supérieur hiérarchique). Ensuite, il commencera à travailler presque « sérieusement », se rapprochant peu à peu du véritable dressage. Ceci est un concept qui sous-entend celui de spécialisation, alors que les deux programmes que nous examinerons bientôt, adressés aux chiots et aux grands chiots, ne comportent pas de particularités et sont donc adaptés à n'importe quelle race.
Un prédressage est donc identique pour tous les jeunes chiens : une phase délicate durant laquelle il est préférable de commettre le moins d'erreurs possible. En effet, si le chiot est le meilleur élève qui soit, il devient impitoyable lorsqu'il sent que son maître n'est pas le chef de meute idéal. S'il décide que celui-ci est un piètre chef, il profitera de la moindre occasion pour le détrôner.
Mais enfin, quelles qualités faut-il donc avoir pour être un bon chef de meute ?
Il n'est pas nécessaire d'en posséder des tonnes : si vous voulez plaire à votre chiot, il vous suffit d'un peu de cohérence, de fiabilité et d'avoir des nerfs très solides. Evidemment, cela semble peu de choses... alors qu'en réalité il est plutôt difficile de toujours se comporter avec cohérence, d'être fiable en permanence, et d'avoir des nerfs en acier.
Un exemple que j'aime à citer très souvent : le chiot qui veut dormir sur le lit de son maître.
La première fois, le maître le fait descendre, lui explique doucement mais fermement que sa place est dans sa niche, et il l'y amène lui-même.
Cinq minutes après, le chiot revient à la charge, et le maître réitère la même scène.
Puis, dix minutes plus tard, le

chiot est toujours là qui gratte les couvertures et gémit à faire pitié. Trois possibilités s'offrent alors au maître :

1. Il cède et laisse grimper le chiot. Résultat : le chiot dormira toute sa vie dans le lit de son maître. Et il y a autre chose ! Le chien pense alors que le maître est incohérent, une chiffe molle, et par conséquent un très mauvais chef de meute. Note : 0.
2. Il se met en colère, il frappe le chiot, et le ramène *manu militari* à sa niche en lui hurlant dessus. Cohérent, certes, mais des nerfs trop fragiles pour être un chef de meute fiable. Note : 4.
3. Sur le même ton que précédemment, il explique au chiot qu'il est inutile d'insister : il le prend et le dépose fermement, mais délicatement, dans sa niche. Parfait comportement de chef de meute. Note : 10 sur 10.

Mais combien de gens sont capables de cela, surtout après la sixième ou septième tentative du chiot, qui arrive en général vers les cinq heures du matin ?

Il faut absolument savoir que le chiot n'insiste pas comme un damné parce qu'il est idiot ou parce qu'il meurt d'envie de se faufiler dans votre lit. Les deux premières fois, peut-être que son insistance était dictée par la peur de rester seul dans sa niche. Mais il comprend vite que vous êtes à portée de la main en cas de besoin, qu'il peut dormir tranquille parce qu'il n'est pas tout seul. S'il insiste à nouveau, c'est uniquement parce qu'il veut vous mettre à l'épreuve. Il est à la maison depuis six heures à peine et il cherche déjà à savoir si vous êtes un bon chef ou si vous ne valez pas un clou. Etes-vous en mesure de passer brillamment ce genre de test imposé par un chiot de deux mois qui se fera un plaisir de vous juger ?

Si oui, vous avez l'étoffe d'un vrai dresseur. Si, au contraire, vous ne semblez pas convaincu, je vous conseille de faire appel aux services de personnes expertes.

Premier programme de « travail » pour le chiot

Peu après son arrivée, dès que le chiot aura trouvé ses marques dans ce nouveau cadre de vie et qu'il aura obtenu la réponse à la question qui lui tenait tant à cœur, (« ai-je un bon chef de meute ? »), vous pourrez déjà commencer à lui enseigner quelques exercices préliminaires, c'est-à-dire préparatoires, au dressage à proprement parler, qui ne commencera que dans une seconde phase.

Nous ne parlerons pas ici d'éducation, mais de travail, même élémentaire.

En effet, un chiot âgé de quelques mois peut très bien apprendre à s'asseoir, à se coucher, à courir au rappel, à suivre son maître à la

« Assis » pendant la marche

laisse. On peut même le mettre en piste, pourvu qu'il y ait une certaine gradation dans les exercices : il faut que les leçons soient brèves et qu'on donne au chien l'impression que tout cela n'est qu'un jeu très amusant.
N'oublions pas que c'est dans la nature que le chien apprend quatre-vingts pour cent des choses de la vie par le biais du jeu, avec sa mère, ses frères et plus tard avec les adultes de la meute. Notre petit compagnon expérimente ainsi ce que chez les humains on appellerait « des jeux pédagogiques », et je vous garantis qu'on est surpris des résultats très probants qu'on peut obtenir d'une si petite chose.

Rappel

Le rappel est la base fondamentale du travail : sans rappel on ne peut absolument pas parler de chien dressé. Déjà à soixante jours, il faut appeler votre chiot quand il vient vers vous, et le féliciter avec force compliments à chaque fois qu'il arrive. Il faut

Rappel avec corde longue

LE RAPPEL

Note numéro un

Attention : il ne faut jamais punir le chien lorsqu'il arrive, même s'il est arrivé très en retard. Le chiot ne peut associer la punition au souvenir d'une erreur commise « avant » (celle de ne pas venir) : en revanche, il va l'associer à l'action qu'il vient juste de faire (celle de venir), et chaque fois que nous l'appellerons, il se demandera si ce n'est pas pour le réprimander. Ceci est donc l'erreur la plus grave (et malheureusement la plus fréquente !) qu'on puisse commettre en matière de dressage : on ne compte plus les chiens qui ne répondent pas au rappel à cause d'une punition donnée à mauvais escient.

Note numéro deux

Il faut appeler le chiot par l'ordre complet « Médor, viens ! » et pas uniquement par son nom. Il entend son nom des centaines de fois par jour, en différentes occasions et pas seulement lorsque nous voulons qu'il vienne vers nous : il ne suffit donc pas de le faire bondir le plus vite possible. On pourrait s'en tenir au seul « viens ! », cependant, si l'on fait précéder le nom du chiot, on attire sont attention juste avant l'ordre qui, par conséquent, s'en voit renforcé.

Un rappel avec un « assis de face » impeccablement exécuté

l'appeler pour lui donner sa pâtée. Il faut également l'appeler pour le faire jouer.
Le rappel doit toujours être suivi de ces quelques minutes de félicitations.
Plus tard, vous commencerez à l'appeler même lorsqu'il sera loin et distrait. Mais avant, vous aurez pris la précaution d'attacher une fine cordelette à son collier : si le chiot n'accourt pas dès l'ordre, tirez-le doucement vers vous, toujours en le félicitant et en le caressant lorsqu'il arrive. Après un certain laps de temps, vous pourrez ôter la cordelette.

« Non ! »

Le non est véritablement un ordre, un commandement, qui signifie : arrête immédiatement ce que tu es en train de faire. Il n'est pas nécessaire de frapper ou d'effrayer le chiot pour le détourner de son activité du moment. Il suffit de faire en sorte d'être son nouveau point de mire.
A ce propos, on peut utiliser une boîte de conserve remplie de pièces de monnaie : dès que le chiot fait quelque chose qui lui est interdit, vous la secouez vivement de façon que le bruit l'attire et qu'il arrête de faire des bêtises.
C'est à ce moment-là qu'on lancera l'ordre « non ! », puis nous appellerons le chiot, en le félicitant et le récompensant lorsqu'il arrivera : ainsi, en quelques jours, grâce à ce seul « non ! », il comprendra qu'il doit arrêter de faire des bêtises et accourir vers nous avec confiance. Il n'est aucunement besoin de faire appel à la violence.

Le « assis » dirigé par C. Peverada

« Assis ! » et « couché ! »

Il est très simple d'enseigner ces exercices à un chiot, car ils corres-

Enseignement du « couché » dirigé par N. Fabris

Il est très simple d'enseigner le « assis » au grand chiot

pondent à des positions naturelles qu'il va prendre toute la journée. Souvent, il suffit de prononcer l'ordre lorsqu'on s'aperçoit qu'il va s'asseoir ou se coucher, et en quelques jours, il fera automatiquement l'association d'idée. Si, par hasard, cela ne suffisait pas, il faudrait aider le chiot à se positionner grâce à des mouvements de main appropriés, en lui répétant l'ordre doucement jusqu'à ce qu'il l'ait parfaitement enregistré.

Avec laisse

On ne peut évidemment pas attendre d'un chiot qu'il ait une conduite impeccable. Il faudra d'abord se contenter du fait qu'il accepte la laisse sans prendre la mauvaise habitude de tirer dessus comme un forcené.
On commence donc à travailler dans un endroit sans distractions et sans danger pendant un maximum de cinq minutes à chaque fois, pour obtenir du chien qu'il

Une bonne conduite avec laisse : le chien est dans la position correcte avec la tête à la hauteur du genou droit

nous suive plutôt que d'aller où bon lui semble (pour cela, il est en général indispensable de lui donner une petite croquette). S'il se met à tirer, nous pouvons l'en empêcher par un simple demi-tour, en l'appelant près de nous et en le laissant jouer avec notre main d'où sortira de temps en temps la petite récompense. Il est important que le chiot s'habitue à marcher avec le museau très près de notre main gauche (à propos, la conduite s'effectue toujours du côté gauche).

En piste

Il existe plusieurs écoles qui s'affrontent au sujet de l'enseignement précoce de cette matière, car le travail sur piste demande le plus grand calme et la plus grande attention, capacités que le chiot ne possède pas encore.
Cependant, les dresseurs admettent tous que le petit chien peut d'ores et déjà apprendre à connaître la signification de l'ordre « cherche ! », considéré, en fait, comme un jeu amusant.
Il existe un bon système qui consiste à faire chercher sa gamelle au chien aux heures de repas en construisant de petites « pistes » à l'aide de croquettes, à l'intérieur même de la maison. Il faut lui donner l'ordre « cherche ! » en faisant en sorte qu'il se passionne pour cette « chasse au trésor ».

LA METHODE « DOUCE »

Il existe de nombreuses méthodes et de nombreuses écoles de dressage, toutes excellentes pour arriver à des résultats détonants, mais pas toutes à la portée du profane.
Les méthodologies les plus récentes suivent une ligne de conduite plutôt « dure », ce qui ne veut pas dire plus violente mais seulement plus exigeante. S'il est vrai qu'on obtient de cette façon des chiens capables de travailler à la limite de la perfection, il est également vrai que le maître doit être un expert et un fin connaisseur de la psychologie canine. Je crains que pour le cynophile moyen, non professionnel, il soit difficile de se fonder uniquement sur un manuel de dressage pour exécuter des techniques délicates telles que celles qui sont en vigueur aujourd'hui. Le profane peut même causer des dommages s'il tente de suivre les traces des meilleurs. C'est pourquoi, je préfère vous indiquer des méthodes sans aucun doute plus anciennes, mais plus « douces » et plus sûres. Je peux vous garantir que vous obtiendrez des résultats de la même façon sans courir le risque de commettre de trop graves erreurs et de gâcher complètement votre chien.

Ainsi, il apprend à utiliser son nez et pas seulement ses yeux lorsqu'il cherche quelque chose (ce qui sera utile par la suite).

Le grand chiot doit accourir allègrement à l'appel de son maître

Programme de perfectionnement pour grand chiot

Si vous lui avez dédié assez de temps et donné assez d'amour, il est presque sûr que votre chien aura très vite et parfaitement assimilé le premier programme de travail. Cependant, étant donné que le chien n'est pas encore adulte, on ne peut pas passer au dressage spécialisé.

Avec les grands chiots entre quatre et huit mois, et de n'importe quelle race, il sera intéressant de suivre ce programme de quasi dressage qui apporte des améliorations au précédent sans être pour autant trop spécialisé.

Rappel

On doit déjà bien inculquer le rappel au grand chiot (si tel n'est pas le cas, mieux vaut retourner en arrière et repartir du programme pour chiot). Désormais, il s'agit uniquement d'obtenir de notre ami qu'une fois appelé il court rapidement s'asseoir face à nous, le museau tout près de nos jambes. Il suffira de combiner dès le départ le rappel et l'ordre « assis ! », en corrigeant le chien s'il prend de mauvaises positions (et en le récompensant dès qu'il aura trouvé la bonne) afin d'obtenir très vite de bons résultats.
Avec le temps on éliminera l'ordre « assis ! », que le chien exécutera désormais automatiquement.

Une parfaite conduite sans laisse : l'attention du chien envers son maître est constante

Conduite avec et sans laisse

On commence toujours, et seulement, la conduite avec laisse en donnant l'ordre « au pied ! » et en demandant au chien de nous suivre en restant à la hauteur de notre jambe gauche : ainsi il peut « chercher » notre main avec confiance pour bien capter le moindre changement de direction ou d'al-

LES RECOMPENSES PENDANT LA CONDUITE AVEC LAISSE

On peut renforcer l'ordre en donnant au chien une récompense lorsqu'il fait bien, plutôt que de lui donner une tape lorsqu'il se trompe. On garde donc dans la main gauche un morceau de viande (ou sa balle si le chien est très joueur) que l'on donne de temps en temps à notre élève : ainsi, le chien travaille avec plus de ferveur et dans la joie, et il apprend beaucoup plus vite.

CONDUITE SANS LAISSE

Une fois que l'on a obtenu une bonne conduite avec laisse, il est relativement facile de passer à la conduite sans laisse : si, dans la première phase, on a utilisé le principe de la récompense (que ce soit un peu de nourriture ou une balle), il ne faut surtout pas hésiter à y recourir de nouveau maintenant qu'on n'a plus aucun moyen de contrôle ou de punition. Cependant, certains dresseurs insistent sur le fait qu'il est mieux de ne pas utiliser ce principe de récompense dans la phase avec laisse, pour avoir justement, de nouveaux stimuli, plus intéressants, lorsqu'on passe à la phase sans laisse.

1 

Ci-dessus et sur la page de droite, le « pas bouger » : 1. L'ordre est accompagné du geste de la main. 2. Le maître s'éloigne de quelques pas en tournant le dos au chien. 3. Le maître reste immobile pendant quelques minutes avant de revenir chercher le chien

lure. Le grand chiot est encore trop jeune pour la « correction », méthode sûre mais réservée aux adultes. Il faut cependant faire comprendre au chien que s'il dévie de la position correcte il pourrait avoir de petits problèmes.

Donc nous marchons avec le chien « au pied » et chaque fois qu'il s'écarte notre comportement doit être le suivant :

a) s'il nous dépasse, il faut faire un rapide demi-tour ce qui provoquera une traction désagréable sur son collier ;

b) s'il reste trop en avant, il faut faire un rapide mouvement à gauche toute, en lui donnant

2

3

par « inadvertance » (c'est en tout cas ce qu'il va croire) un coup de genou ;

c) s'il reste en arrière, il faut l'encourager de la voix et allonger le pas : il fera un bond en avant et aura l'impression de jouer. Cependant, s'il va trop vite, il encourra les « sanctions » expliquées en *a* et *b* ;

d) s'il joue, sautille ou nous passe entre les jambes, il faut souvent changer de direction en lui marchant sur les pattes, ou lui donner des coups avec le genou (toujours « sans le vouloir » !), jusqu'à ce qu'il se rende compte que seule la position correcte l'empêche d'avoir des ennuis.

« Pas bouger ! »

Le chien doit rester en position « assis » ou « couché » même si le maître s'éloigne : l'ordre « pas bouger! » est accompagné du geste main tendue, après quoi le maître fait un ou deux pas en arrière, en essayant de faire comprendre

au chien qu'il ne doit pas le suivre. Progressivement, le maître va pouvoir s'éloigner d'une trentaine de mètres sans que le chien ne change de position pendant une demi-heure, voire plus. C'est la gradation qui est la clé de la réussite pour cet exercice, qui est l'un des plus difficiles pour notre compagnon qui craint d'être « abandonné » et qui essaie à tout prix de nous rejoindre lorsqu'il s'aperçoit qu'on s'éloigne de lui. Par conséquent, la chose fondamentale à faire est de convaincre le chien que personne n'a l'intention de l'abandonner. On arrive à un tel résultat en s'éloignant peu à peu : les premières fois on ne fait que quelques pas (même deux suffisent), et on n'augmente les distances que lorsque notre compagnon a compris qu'il s'agit d'un exercice comme un autre et non d'une tentative d'abandon de la part du maître. Pour qu'il apprenne plus rapidement le principe du « pas bouger ! », on utilise souvent un piquet muni d'un anneau : on le plante profondément dans le sol, on fixe la laisse à l'anneau et le chien « doit » rester couché, parce qu'il ne parvient plus à se lever.
Tout en étant rapide, ce système a un inconvénient : le chien apprend très vite à reconnaître le piquet et, lorsqu'on cherche à lui faire exécuter cet exercice sans l'aide de cet instrument... il s'enfuit à toutes pattes. Mieux vaut avoir plus de patience et obtenir que le chien reste par conviction et non par obligation : on utilisera le piquet pour les plus obstinés mais en prenant garde d'alterner les leçons avec et sans piquet, de façon à ne pas créer d'associations d'idées indésirables.

Rapport

Pour exécuter cet exercice, il convient d'user de beaucoup de fermeté et de beaucoup de patience.
Il est très simple d'obtenir que le chien court après un objet que nous lui avons lancé et qu'il l'attrape entre ses dents, mais il est beaucoup plus difficile d'obtenir qu'il :

a) attende l'ordre avant de se précipiter sur l'objet ;
b) décide de nous le rendre au lieu de le garder pour jouer.

Il vaut mieux éviter qu'un chiot destiné à un travail « joue à rapporter » dès son plus jeune âge et court après des balles ou autres bouts de bois avec lesquels on lui laisse faire ce qu'il veut. De plus, il faut absolument éviter de jouer à tirer sur ce qu'il a dans la gueule : s'il tire d'un côté et que nous tirons de l'autre, on va faire naître chez le chiot un sentiment de possessivité envers les objets, ce qui pourra avoir des conséquences néfastes en matière de rapport. Pour que le rapport soit correctement

NE JAMAIS FREINER L'ENTHOUSIASME

Avec le temps, on apprendra au chien à ne partir que lorsqu'il entend l'ordre « apporte ! » et pas au moment où l'on lance l'objet. Mais, il est préférable de retarder cette phase le plus possible, parce que le chien a certainement déjà pris goût à ce nouveau jeu, et l'empêcher de courir après l'objet pourrait freiner son enthousiasme. Si le chien n'attrape pas l'objet spontanément, le maître sera contraint d'avoir recours à ce qu'on appelle « le rapport forcé » : la technique de cet exercice est plutôt complexe, par conséquent il n'est pas conseillé de la mettre en pratique sur de très jeunes chiens.

Palissade avec rapport

exécuté, il conviendra de se munir d'un objet en bois en forme d'haltère : il faut commencer quand le grand chiot est déjà un peu fatigué. On lui demande de s'asseoir à côté de nous, on lance l'objet et on lui donne l'ordre suivant : « rapporte ! ». En principe, le chien va récupérer l'objet. Dès qu'il le tient dans sa gueule, il faut le rappeler immédiatement : si la notion de rappel est bien acquise, il doit venir s'asseoir face à nous avec l'objet dans sa gueule.

Dès lors, il ne nous reste plus qu'à lui ordonner « donne ! » et à obtenir du chien qu'il nous remette l'objet : il est évident qu'il ne s'en séparera que très difficilement. Le meilleur système consistera alors de lui proposer, en échange, une superbe récompense.

Un rapport parfait de Xanto di Fossombrone

La piste

Le conseil que je pourrais vous donner est de ne pas mettre sérieusement votre chien en piste avant l'âge de sept ou huit mois. En effet, ce n'est qu'à partir de cet âge-là que le grand chiot possède le calme et le sang froid nécessaire pour effectuer un travail bien fait, et qu'il peut supporter le harnais indispensable à cet exercice.
Pour préparer le chien à ce travail, il faut que l'assistant soit présent. Le chien doit le connaître mais ne doit pas y être particulièrement attaché. Il faut se rendre dans un lieu inconnu au grand chiot et confier la laisse à l'assistant. Après quoi le maître « trace » un cadre de départ en marchant dessus (et en traînant un peu - mais pas trop ! - les pieds), s'éloigne en marchant à une allure normale, un peu ralentie, puis va se mettre derrière un arbre ou un buisson afin d'échapper à la vue du chien.
C'est là que l'assistant va « habiller » le chien en lui mettant le harnais, puis il le positionnera sur le cadre de départ et lui demandera de chercher son maître en lui donnant l'ordre « cherche ! » : bien sûr le chien n'attend rien d'autre, mais la légère préoccupation d'être abandonné aux mains d'un étranger pourrait l'inciter à chercher rapidement « à vue » plutôt que de mettre son museau à terre. C'est une grave erreur de contraindre le chien à baisser la tête car il ne doit jamais y avoir de contrainte dans le travail sur piste. L'assistant devra se limiter à remettre doucement le chien « sur la bonne voie » chaque fois qu'il part sur la mauvaise piste : il ne faudra certainement pas attendre très longtemps avant que le chien comprenne qu'il faut qu'il se serve de son nez, vu que cette façon de chercher fait partie intégrante de son monde, de sa façon d'être et de vivre, et relève de son instinct. Les premières pistes devront être brèves, en ligne droite, gratifiées de la découverte presque immédiate du maître, qui fera la fête au chien avec ostentation. Ensuite, on passera à des pistes légèrement plus compliquées, avec un ou plusieurs angles, et c'est finalement le maître qui mettra le chien en piste sur les traces d'un étranger.
Dernière étape, la recherche d'un objet qui sera déposé par le traceur le long de la piste : le chien peut en signaler la découverte en se mettant en position « couché » face à l'objet, ou en le rapportant à son maître.
Une fois ces programmes de prédressage terminés, vous devriez avoir un chien bien éveillé, qui aime travailler et qui vous reconnaît comme son chef incontesté. Désormais, vous n'aurez plus affaire à un grand chiot mais à un adulte (ou presque), et vous pourrez par conséquent commencer à suivre un véritable programme de dres-

Berger allemand en piste

sage, en choisissant la spécialisation que vous préférez : vous êtes pour ainsi dire arrivé aux portes de l'université, et les choses vont commencer à se corser un peu. En échange, les satisfactions iront croissant.

Quel que soit le type de travail que vous aurez choisi, je vous conseille de vous faire aider, dès le départ, par un personnel spécialisé. Vous pourrez opter pour une école pour chien et maître, ou confier votre compagnon à un instructeur en qui vous avez pleinement confiance, ou enfin (si le dressage vous a réellement passionné) vous pourrez laisser votre chien aux mains expertes d'un professionnel qui dressera votre chien pendant que vous resterez dans les parages afin d'apprendre tout ce que vous pourrez, en vérifiant à chaque fois que votre chien vous obéisse aussi bien qu'à son instructeur, plus expérimenté en la matière.

Dans les chapitres suivants de ce livre, vous trouverez la description de quelques possibles « métiers » du chien, des plus connus aux plus insolites : les techniques de dressage seront examinées brièvement afin que vous puissiez avoir un aperçu assez complet de la complexité du travail canin. Mais encore une fois, je répète que le dressage spécialisé reste du domaine des experts.

Ne cherchez pas à improviser en suivant les instructions d'un manuel dont l'auteur, ne connaissant ni vous ni votre chien, ne pourra vous donner que des renseignements d'ordre général et certainement incomplets. Ne considérez pas les livres comme celui-ci autrement que comme des manuels d'information, et souvenez-vous que seul un bon dresseur en chair et en os pourra faire de vous et de votre frétillant ami un binôme parfait et réellement « gagnant ».

PEUT-ON METTRE LE GRAND CHIOT SUR PISTE ?

Certains dresseurs affirment que l'on ne devrait pas mettre le grand chiot face à des pistes trop compliquées, mais j'ai déjà eu des chiens qui, à huit mois, suivaient déjà avec une ardeur et un amusement indéniables une vieille piste aux angles divers.

Il est évident que les spécificités de chacun comptent énormément, mais il est surtout important que le maître connaisse parfaitement son sujet et sache bien doser les difficultés, de façon à ce que le chien éprouve toujours un vif intérêt et un grand plaisir à pratiquer ce « jeu ».

Le dressage du chien de défense

Avant de parler de dressage, je voudrais préciser, afin qu'il ne subsiste aucun doute, que les vraies races de défense, celles qui sont nées avec ces caractéristiques et qu'on a sélectionnées dans ce but, sont au nombre de quatre : le Dobermann, le Rottweiler, le Riesenschnauzer et le Boxer.
Ce sont les seules et uniques races qui peuvent se vanter d'avoir une réelle et « génétique » aptitude à la défense, que l'homme a ensuite étudiée à travers une sélection très précise, et qu'il a essayé d'améliorer et de perfectionner.
Il est probable que le chiot ou le grand chiot de défense manifesteront dès leur plus jeune âge des signes liés à leur aptitude : si un chiot de trois mois est aveuglément agressif, cela ne doit pas nous enflammer inutilement (car, en effet, il ne deviendra pas un grand chien de garde mais plutôt un sujet pas très équilibré) ; en revanche, un très jeune chien qui montre déjà des signes de vouloir s'interposer lors de discussions entre mari et femme ou avec les enfants, ou qui montre les dents lorsqu'un ami fait un geste de menace - même pour s'amuser -, ne doit pas être découragé. Cependant, il faut absolument éviter de l'encourager, de l'inciter, grave erreur qui risquerait par la suite de compromettre l'équilibre du chien.

Le travail

Une fois qu'on a choisi un bon chiot dans le meilleur des élevages qui sont à notre disposition

Attaque à la manchette et à la laisse de Freda, femelle Rottweiler (appartenant à l'élevage Val di Cupo)

(c'est très important dans le cas des chiens de défense qui doivent avoir de solides références en matière de beauté et de caractère), il faut commencer très tôt le travail d'éducation et de prédressage.
Contrairement à d'autres races, comme celles de Berger, les chiens de défense n'ont jamais un comportement social très accentué, et sont sans cesse à la recherche d'un « chef de meute ».
Evidemment, comme tous les autres chiens, ils dérivent du loup,

L'INSTINCT NE SUFFIT PAS

Il existe des chiens à qui il n'est pas nécessaire d'enseigner « ce qu'est » la défense, parce qu'ils en sont déjà parfaitement conscients : c'est inhérent à leur génotype, tout comme l'arrêt est biologiquement inscrit dans les gènes du Setter.
Personne ne s'attend à ce que le chasseur explique à son chien qu'il doit s'immobiliser et lever une patte quand il sent le gibier : le chien le fait instinctivement.
Cela vaut également pour le chien de défense, auquel il n'est pas nécessaire d'expliquer s'il doit défendre son maître et pourquoi : en revanche, il faudra lui expliquer « comment » et « quand », afin d'éviter qu'il morde le premier individu qui passe (parce qu'il a une tête qui ne lui revient pas), mais aussi pour éviter qu'il morde quelqu'un qui restera immobile, affichant un sourire angélique tout en menaçant son maître d'une arme.
Par conséquent, s'il existe une défense instinctive, il faut qu'il y ait également une défense sur ordre : ignorer cette nécessité est une grande erreur qui pousse certains détracteurs de ces races à affirmer que ces chiens sont « dangereux ». Il est évident qu'un chien de défense peut être dangereux si on n'exploite pas correctement ses aptitudes naturelles (celles pour lesquelles il a justement été choisi) : sans l'aide du dressage il se limitera à défendre uniquement de façon intuitive, et il pourrait même « nous défendre » très énergiquement contre un malheureux ami qui nous saluera d'une amicale tape sur l'épaule, geste que le chien interprétera comme une menace.
C'est pourquoi il faut de toute façon, et toujours, dresser le chien de défense : il passera d'abord par les bases « communes » de l'éducation et du prédressage, puis il passera ensuite au travail sur l'homme, qui fera de lui un vrai spécialiste.

animal social, et une partie de ce caractère social reste profondément ancrée en eux. Et pourtant, la sélection effectuée par l'homme a beaucoup limité cette composante chez les chiens de défense pour des raisons utilitaires telles que :

a) la nécessité d'avoir un chien capable d'intervenir même sans donner d'ordre précis : s'il était soumis de façon excessive au chef de meute, il risquerait, dans certains cas, d'assister impuissant au meurtre de son maître, uniquement parce que celui-ci a été blessé ou assommé par un malfaiteur et qu'il n'est pas en mesure de lui donner des ordres ;

b) la nécessité d'avoir un chien qui ne sente pas trop la compétitivité hiérarchique : en effet, (celle-ci étant particulièrement affûtée chez les chiens très sociaux) cela pourrait le distraire de sa tâche si d'aventure il rencontrait un autre chien et décidait de se mesurer à lui, alors que, pendant ce temps, son maître aurait une arme pointée sur lui.

Conclusion, le chien de défense reconnaît qu'il existe un chef de meute mais il ne dépend pas exclusivement de lui et n'est pas

Le chien défend instinctivement, mais il faut le dresser afin qu'il ne libère son agressivité qu'au moment opportun

COMMENT SE FAIRE AIMER DE SON CHIEN

Tous les chiens ont plus ou moins subi les effets de la domestication, tout comme ils ont subi un processus qui a eu tendance à pérenniser chez l'adulte certaines caractéristiques « infantiles » sensées l'empêcher de redevenir loup une fois la maturité atteinte. En fait, depuis la nuit des temps, l'homme a tout fait pour que le chien reste un grand joueur dépendant des autres quant à sa nourriture : en un mot pour qu'il reste un « gros bébé ».
Qu'arrive-t-il donc à un chiot qui a toujours vécu dans une famille humaine ?

1. *L'imprinting lui fait penser que l'homme est l'un de ses congénères (un chien à deux pattes, si l'on veut).*
2. *Le chiot n'identifie pas le maître à un quelconque congénère, mais plutôt à un successeur idéal de sa mère.*

Naturellement, on aime sa mère : on lui obéit.
Ce qui fait que le chien de défense, dès son plus jeune âge a une prédisposition naturelle à obéir. Mais attention, cette prédisposition ira décroissant au cours des mois, parce que le chien de défense normal ne reste jamais vraiment chiot : car si c'était le cas, il ne serait pas en mesure d'affronter le danger en gardant son sang froid. C'est pourquoi il est indispensable que l'éducation et le dressage de tels sujets commencent dès leur plus jeune âge, lorsque l'obéissance est encore chez eux quelque chose de naturel. De plus en plus va s'instaurer entre l'homme et le chien un vrai rapport d'amitié et d'estime qui nous permettra de passer aux phases plus complexes du dressage, mais il est très important de commencer immédiatement afin de pouvoir établir les bases sûres de ce rapport. Pour que l'homme devienne, à l'âge adulte, « l'ami » de ses parents, il faut que son père et sa mère aient été de bons éducateurs (et pas seulement des compagnons de jeu) lorsqu'il était enfant.

suspendu à ses lèvres : étant donné que la hiérarchie n'est pas la chose la plus importante pour lui, il obéit par amour et non pas par... respect envers les galons.
Par conséquent, « l'amour » est le mot clé : pour obtenir de bons résultats de la part d'un chien de défense, il faut qu'il nous aime.

Programme de travail pour les chiens de défense
(qui doivent avoir terminé la phase de prédressage)

Rappel

Les programmes pour chiot et grand chiot ont normalement con-

Les programmes pour chiots et grands chiots doivent déjà amener le chien à exécuter un rappel parfait

duit votre chien à exécuter un rappel parfait : si ce n'est pas le cas, mieux vaut revenir en arrière.
Le rappel étant d'une importance capitale, pour un chien de défense, n'hésitez pas à faire de fréquentes « révisions », en l'appelant dans les occasions les plus diverses, même lorsqu'il est très occupé à faire des choses qui sont pour lui très intéressantes (comme de ronger un os). Au premier écart, remettez-lui la cordelette que vous utilisiez lorsqu'il était

Conduite avec laisse d'un Rottweiller

chiot : assurez-vous que le rappel soit toujours impeccable.

Conduite avec et sans laisse

Donnez l'ordre « au pied ! » et demandez au chien de vous suivre en restant à la hauteur de votre jambe gauche. Pour obtenir une conduite impeccable vous pourrez, en cas de besoin, avoir recours à la fameuse secousse corrective : on tient la laisse fixée à un collier étrangleur (jamais à pointes !) dans la main droite, et chaque fois que le chien dévie de la direction désirée, on donne sur la laisse une secousse brève et ferme vers le bas, de façon à ce que le chien ressente une légère douleur.

Conduite sans laisse : l'attention du chien tenue en alerte par la présence du maître

Le but est d'attirer son attention, pas de lui infliger des souffrances, c'est pourquoi la secousse ne devra jamais être trop brutale. Le chien apprend très vite que les ennuis arrivent seulement lorsqu'il s'écarte de la position correcte.
Vous pouvez ensuite passer à la conduite sans laisse, en vous servant d'une récompense (un morceau de nourriture) pour obtenir une bonne réaction.

Couché libre

Perfectionnez l'exercice du « pas bouger ! » en obtenant (graduellement) que le chien reste immobile en position « couché ! » même si vous disparaissez de son champ de vision.

Les attaques

Ce que nous avons vu jusqu'à présent sont des exercices « de base »,

LE COLLIER

Pour les exercices d'attaque, le chien doit toujours porter un collier en cuir, non étrangleur, qui devra être placé assez haut afin de ne pas lui donner de sensation de gêne ou d'étouffement. On peut également utiliser la laisse de dressage normale, si possible attachée à une longue corde.

Pour les exercices d'attaque, le chien doit porter un collier en cuir

indispensables à la préparation d'un chien utile ; cependant, le vrai travail du chien de défense consiste à intervenir toujours avec détermination en attaquant quiconque attenterait à la sécurité de son maître.
Pour obtenir un tel résultat, il faut travailler sur l'homme et, par conséquent, il est indispensable de

L'IMPORTANCE DU FIGURANT

Attention ! Le figurant doit absolument être un expert. Il est même préférable que ce soit un figurant officiel : je n'insisterai jamais assez sur ce point, parce qu'en effet c'est lui qui fait presque tout le travail durant les exercices d'attaque. C'est lui qui doit comprendre quand attaquer et dans quelle mesure : c'est lui qui doit comprendre (en une fraction de seconde) comment se comporter avec le chien qui lui fait face, en se basant sur ses attitudes et en comprenant au vol si l'action doit être plus dure ou plus modérée, si le chien a peur ou s'il est réellement agressif, s'il peut déjà lui présenter la manchette d'attaque, ou s'il est préférable d'attendre.

Il faut que le figurant soit un expert. C'est encore mieux si c'est un figurant officiel

LA LONGUE CORDE

Pour les premières leçons, on peut se garantir une plus grande liberté de mouvements, à soi comme au chien, en l'attachant à un arbre avec la corde longue, mais en conservant la laisse dans la main : ainsi, on pourra apprendre à suivre le chien pendant ses déplacements, à le retenir quand il faut et à laisser glisser la laisse lorsqu'il doit avancer. On ne risque donc pas de lâcher le chien, ce qui pourrait avoir des conséquences imprévisibles aussi bien pour lui (qui pourrait s'enfuir) que pour le figurant (qui pourrait se faire mordre au visage, le chien ne sachant pas encore qu'il doit se borner à saisir la manchette de protection).
Lorsque nous serons sûrs d'avoir le chien bien « en main », on pourra abandonner la corde et travailler uniquement avec laisse. Ensuite, il faudra enseigner au chien « l'attaque lancée », qui s'effectue sans laisse. Vu la délicatesse, la difficulté et le danger de ces exercices complexes, je conseillerais à chacun de faire appel, pour cette phase, aux services d'une bonne école de dressage, et de ne jamais essayer d'improviser.

Au début du travail de défense, il convient d'attacher le chien à un arbre avec la longue corde, tout en le tenant par la laisse

pouvoir être aidé par un figurant expérimenté que l'on trouvera auprès d'une bonne école : je déconseille vivement d'embarquer dans l'aventure un ami inexpérimenté qui, bien que pétri de bonnes intentions, pourrait commettre des erreurs si graves qu'elles causeraient des dommages irréparables chez le chien, en particulier en ce qui concerne son caractère.

Pour exécuter cet exercice, mieux vaut se rendre dans un lieu isolé, de préférence inconnu de l'animal.

Tout d'abord, on commence à

UN CHIEN DRESSE POUR LA DEFENSE PEUT-IL ETRE DANGEREUX POUR LES ENFANTS ?

Je réponds à cette question par un « non » catégorique : c'est un problème fréquemment soulevé par les propriétaires de chiens de défense, or le danger n'est pas là. En revanche, le chien de défense non dressé peut, lui, faire mal par excès de zèle (par exemple en « aidant » son petit maître de cinq ans à régler son compte à un petit copain).

Quant aux rapports avec le petit maître, je tiens à rappeler qu'un chien équilibré (chose dont il faut s'assurer dès l'achat auprès d'un éleveur sérieux) se révèle toujours être une très douce baby-sitter, prête à donner sa vie pour sauver celle de son « chiot humain ». Les cas de morsures sur les enfants de propriétaires de chiens, qui, régulièrement nous remplissent d'horreur à leur lecture dans les journaux, sont toujours imputables à des erreurs humaines (rappelez-vous ce chien qui selon les journalistes avait agressé son « petit maître », alors qu'on a ensuite découvert que l'animal était attaché dans un angle du jardin et qu'on avait interdit à l'enfant de s'en approcher. Dès la première entorse à la règle, le petit garçon s'est pris un coup de dents : chose parfaitement logique vu que le chien ne le connaissait pas).

Dans d'autres cas, et je n'insisterai jamais assez sur ce point, il faut également imputer ce genre de scandales à l'achat inconsidéré de chiots de défense auprès de « vendeurs de chiens », d'importateurs, d'amateurs, ou tout simplement de particuliers qui font des accouplements au hasard sans se préoccuper une seule seconde des incompatibilités de caractère. Un chien de défense n'est pas un objet, ni même un jouet : si vous l'achetez sans la préparation nécessaire, et si vous n'avez pas le temps ou l'envie de vous consacrer à son éducation ou à son dressage, vous risquez de déplaisantes - et dangereuses - surprises.

marcher avec le chien en laisse : à un moment donné, le figurant sortira de sa cachette, après avoir revêtu soit la combinaison, soit la manchette de protection, et commencera à énerver le chien. Pendant cette phase du travail, le maître se bornera à encourager le chien en le caressant lorsqu'il donne des signes de vouloir attaquer, mais en faisant attention de ne pas trop le distraire. Au début, le chien devra se jeter sur le figurant en aboyant, mais il ne pourra pas encore le mordre : le figurant reculera faisant mine d'être effrayé, ce qui donnera du courage au chien qui se sentira de plus en plus sûr de lui au fur et à mesure des leçons. Quelques temps après, le figurant apprendra au chien comment mordre, en lui tendant, tout d'abord, un simple bout de chiffon mis en boule, puis enfin la manchette de protection.

Quand le chien se sera « pris de passion » pour la manchette, le figurant devra le menacer, puis lui donner des coups à l'aide d'une baguette (on ne peut frapper le chien que sur certaines parties du corps, ce que les experts savent parfaitement alors qu'un figurant non professionnel pourrait assener un mauvais coup sur la tête du chien - ou pire, sur ses yeux - lui faisant vraiment mal et compromettant totalement le dressage).

Le dressage du chien de garde

Le chien de garde, tout comme celui de défense, devra être passé par les programmes de travail pour chiot et grand chiot : ce n'est qu'après, qu'il pourra passer au dressage spécialisé. Souvenons-nous que le chien de garde à proprement parler n'a presque pas besoin d'apprendre son métier vu qu'il agit instinctivement. En revanche, il faut dresser les chiens de défense ou les Bergers à qui nous demandons de veiller sur nos biens et notre propriété.

Première étape : le concept de surveillance. Ce concept est déjà présent dans l'esprit du chien : il ne vous restera plus qu'à le réveiller (puis à l'exercer), en demandant à vos amis et à vos relations de faire des bruits divers à l'extérieur de votre propriété.

Dès que Médor aboiera, il faudra aller le féliciter. Ensuite, vous inspecterez la propriété ensemble pendant que vos « complices » s'éloigneront : lors de cette première phase, le chien ne devra jamais voir l'intrus qui a attiré son attention, mais, par contre, il pourra l'entendre s'éloigner.

Une fois l'inspection terminée, caressez Médor, convenez d'un signal précis pour lui faire comprendre que « tout va bien » (cela peut être le mot « bien », par exemple), et rentrez à la maison. Si le chien aboie de nouveau, recommencez la même scène en lui montrant bien que vous prenez son avertissement au sérieux.

Deuxième étape : l'arrivée d'un étranger inoffensif. Médor aboie pour vous signaler une présence

Les chiens de berger peuvent également être dressés à la garde

étrangère, vous allez contrôler, mais, cette fois-ci, votre ami ne s'éloigne pas : il vous appelle par votre nom et se montre.
A ce moment-là, vous donnez l'ordre au chien d'arrêter d'aboyer, puis vous lui donnez le signal que « tout va bien » et vous faites entrer votre ami avec lequel vous plaisantez et vous riez. Autorisez le chien à le flairer et faites-lui comprendre de la voix et avec des gestes que c'est une personne acceptée. Si le chien donne des signes d'agressivité, dites-lui « non ! » sans aucune animosité, juste pour lui expliquer qu'il ne doit pas grogner contre votre invité, puis donnez-lui encore une fois le signal que « tout va bien ! ». S'il continue à être agressif, intimez-lui l'ordre « couché ! » jusqu'à ce qu'il se calme et qu'il prouve qu'il a accepté l'étranger.

Troisième étape : l'arrivée d'un malfaiteur. Après une ou deux rencontres avec des étrangers inoffensifs (pas plus), un autre de vos amis entrera furtivement dans votre propriété : le chien l'affrontera en aboyant et vous courrez voir. Mais lorsque vous vous approcherez de lui, le « malfaiteur » commencera à vous invectiver et à vous menacer.

Arrivée d'une personne étrangère inoffensive

Arrivée d'une personne malintentionnée

Confrontation avec l'intrus

A partir de ce moment-là, Médor doit être dressé exactement de la même façon que pour les exercices de défense, cependant, les rencontres avec des « personnages malintentionnés » devront toujours, et uniquement, se faire à l'intérieur du territoire que le chien doit protéger. Quand Médor aura appris à aboyer sur l'individu qui se présente, quel qu'il soit, se calmant immédiatement à votre signal que « tout va bien » et agressant, par contre, ceux qui se présentent avec des intentions de toute évidence malhonnêtes en

Garde d'une propriété

étant menaçants, vous aurez accompli quatre-vingt-dix pour cent du travail.

Quatrième étape : comportement à avoir en l'absence du maître. Désormais, Médor a compris un concept fondamental : les « gentils » peuvent entrer tandis que les « méchants », non. Maintenant il faut obtenir que le chien interdise l'entrée de la propriété à quiconque lorsque le maître est absent : cependant, il ne devra pas mordre tous les intrus indifféremment, mais uniquement ceux qui

Le chien monte la garde en l'absence de son maître

semblent dangereux ou qui ne s'enfuient pas à son aboiement.

Dans ce cas, le dressage est extrêmement compliqué, mais il vaut la peine d'être entrepris parce qu'il nous permet d'avoir un chien parfaitement sûr.

Le modèle à suivre est le suivant :

a) le maître se cache et fait semblant de ne pas être à la maison, tout en restant assez près pour pouvoir contrôler la situation ;

b) arrive le figurant, avec une attitude furtive mais pas agressive ;

c) le chien le voit et l'affronte : dès qu'il commence à aboyer, le figurant s'enfuit ;

d) si le chien ne le poursuit pas, le maître apparaît et le couvre de louanges ; si le chien le poursuit, le maître apparaît brusquement et crie : « non ! couché ! ». Dès que le chien se couche, le maître le félicite et le récompense. Dans les deux cas, le maître va contrôler qu'il n'y a plus personne, retourne vers le chien et le félicite à nouveau ;

e) on répète la leçon après une vingtaine de minutes : si le chien n'affronte pas le figurant, le maître doit apparaître brusquement en hurlant et gesticulant à l'encontre de celui-ci qui s'enfuira à toutes jambes. Le maître ne félicite pas le chien et ne le punit pas non plus, mais il procède à l'inspection habituelle des lieux puis rentre à la maison en l'ignorant ;

f) on répète les leçons de la même façon jusqu'à ce que le chien comprenne qu'il doit interdire l'accès de la maison au figurant en aboyant pour le mettre en fuite, mais sans le poursuivre ou l'attaquer. Cette phase doit durer environ une semaine ;

g) nouvelle leçon : le chien qui aboie pour faire fuir le figurant. Celui-ci, cependant, ne s'enfuit pas mais au contraire il attaque le chien en le bousculant et en le menaçant ostensiblement. Si le chien se défend et mord, le figurant s'enfuit, le maître sort de sa cachette et félicite le chien. Si, par contre le chien à tendance à reculer ou à fuir, le maître sort et agresse le figurant jusqu'à le mettre en fuite, après quoi il félicite le chien comme s'il avait fait tout le travail. Ces leçons doivent alterner avec d'autres pendant lesquelles le figurant s'enfuit au premier aboiement, et ce jusqu'a ce que le chien reçoive le conditionnement suivant : si j'aboie et que

LE REFUS DE L'APPAT

Un bon chien de garde ne devrait pas accepter de nourriture de la part d'un étranger : malheureusement, il est très difficile d'atteindre ce but. L'attirance pour la nourriture est quelque chose de profondément ancré dans le caractère du chien, qui tend à oublier n'importe quel enseignement devant un alléchant morceau de nourriture. En plus de cela, le chien ne comprend pas pour quelle raison l'on veut l'empêcher de manger, et il n'existe aucun moyen de lui faire admettre que l'on cherche à lui sauver la vie en le protégeant contre un empoisonnement éventuel.

Il s'agit, par conséquent, d'un travail ardu, qui demande une patience infinie et qui ne donne pas forcément des résultats extraordinaires ; certains éleveurs affirment qu'il est même inutile de se lancer dans une telle entreprise, parce qu'aujourd'hui les voleurs ont des moyens beaucoup plus sophistiqués que « le petit morceau de viande » pour neutraliser les chiens de garde, comme les redoutables bombes de gaz soporifique ou même toxique.

Ceci est malheureusement vrai, cependant l'appât empoisonné reste l'arme la plus communément utilisée par les malfaiteurs, et, à mon avis, cela vaut la peine d'essayer.

l'intrus m'attaque, j'ai le droit de réagir et de le mordre ;

h) à partir de là, il faudra alterner les leçons en présence du maître (soit avec des étrangers inoffensifs, soit avec des individus malintentionnés), et les leçons en son « absence », avec parfois un figurant qui s'enfuit et d'autres fois un figurant menaçant. Le dressage durera en tout environ deux mois, au terme desquels le chien aura parfaitement appris son métier. Il suffira dès lors de faire quelques « révisions » une ou deux fois par mois.

Comment enseigner le refus de l'appât

a) il faut commencer avec le chiot lorsqu'il est tout petit, et lui apprendre qu'il ne faudra jamais accepter de nourriture de personne. Demandez à vos amis ou connaissances de lui tendre de savoureux biscuits, des morceaux de viande et autres gourmandises, et de lui donner une claque assez bruyante sur le museau s'il essaie de s'en emparer. Il ne faut pas qu'ils crient ni même qu'ils haussent le ton en accompagnant leur geste,

UNE AUTRE TECHNIQUE POUR APPRENDRE A REFUSER L'APPAT

La méthode de la claque peut provoquer la peur de l'homme, mais c'est le morceau de nourriture qui doit sembler désagréable, non pas celui qui le tend. Je cherche à obtenir le même résultat en combinant une tape sur le museau et un comportement amical de la part de l'individu étranger, mais je reconnais que le chiot puisse mal interpréter cela.

La méthode de Scanziani consiste à tendre un morceau de viande dans lequel on a enfoncé une épingle : ainsi, quand le chien essaie de prendre la viande, il se pique la truffe.

Le seul problème est que de nombreux chiots sont si voraces qu'ils deviennent fous devant un morceau de viande : malgré la piqûre (qu'ils ne semblent même pas sentir), ils insistent pour vouloir prendre la nourriture, et s'ils y parviennent, ils avalent même l'épingle.

Vous choisirez la méthode qui vous convient le mieux selon les caractéristiques de votre chiot.

GARDE D'UN OBJET OU D'UN VEHICULE

Un chien dressé pour la défense de son maître et de sa maison apprend sans aucun problème à garder un objet (ou un véhicule) laissé sous sa surveillance par le maître. Dans le cas d'un objet, le chien devra rester en position « couché - pas bouger » avec l'objet juste devant lui. Essayez de vous cacher et de faire s'approcher un ami qui essaierait de s'emparer de l'objet avec des gestes furtifs (ou d'entrer dans votre véhicule) : le chien aura certainement déjà compris ce qu'il a à faire et aboiera furieusement (au cas où vous accouriez dehors pour le féliciter). S'il n'aboie pas, faites-vous voir et encouragez-le à le faire. Il ne lui suffira que de quelques leçons pour apprendre.

Garde d'un objet. Ektor de l'Aura Nova

afin que le chiot ne pense pas que les « gens » sont méchants, mais qu'il comprenne que c'est l'action de prendre la nourriture qu'ils lui tendent qui est « mauvaise » ;

b) dès que le chiot aura reçu la claque de la personne étrangère, le maître devra lui-même lui tendre quelque chose à manger en le caressant et en lui parlant doucement. Le chiot doit penser qu'il se fait rosser lorsqu'il accepte de la nourriture de la part d'étrangers alors qu'il est récompensé lorsqu'il l'accepte de son maître.

Si l'on commence dès son plus jeune âge, le chien apprend très vite à se méfier de quiconque voudra lui offrir quelque chose à manger, à l'exception de son maître : si le dressage au refus de l'appât s'arrêtait là, on n'aurait plus rien à craindre.

Malheureusement, rares sont les voleurs aussi naïfs pour s'approcher du chien de garde et lui tendre un appât empoisonné avec la main : en général il le lui lance sans même se montrer. Nous arrivons ici au point le plus délicat parce que nous devons obtenir de Médor qu'il ne ramasse rien par terre : c'est relativement facile d'y parvenir en présence du maître (qui pourra bloquer sa tentative d'attraper l'appât avec un « non ! » le plus sec possible, et en lançant la chaîne), alors que cela devient une entreprise titanesque d'obtenir que Médor se comporte de la même manière lorsque personne ne le voit.

Il n'y a qu'une seule chose à faire : le conditionner à l'idée que tout ce qu'il trouve par terre est dégoûtant, repoussant, et très désagréable.

Il existe des milliers de bonnes méthodes, comme la boulette pleine de poivre par exemple, mais mon expérience personnelle me porte à dire que tous ces appâts « piégés » sont plus dangereux qu'utiles. Un chien que j'essayais de dresser au refus de l'appât ingurgita sous mes yeux un horrible mélange de poivre, de piment, de tabasco et de viande (en très petite quantité), en ayant l'air de trouver cela particulièrement bon : loin de penser qu'il ne fallait pas ramasser de la nourriture par terre, il se mit immédiatement à fureter à la recherche d'un supplément !

Je suppose qu'un bout de viande plein d'épingles aurait eu la même fin (et je préfère ne pas penser aux conséquences que cela pourrait avoir sur les viscères du chien) : c'est pourquoi, depuis lors, j'évite avec soin d'utiliser de telles « boulettes farcies ».

A propos de pièges, ceux pour les souris ne fonctionnent pas non plus : beaucoup de manuels en suggèrent l'utilisation (en mangeant la nourriture qui y est coincée, le chien se prend un coup sur le museau), mais en réalité, le seul enseignement que Médor en retire est qu'il ne doit rien manger qui soit pris dans un piège à souris, alors que les morceaux « en liberté » sont inoffensifs et très bons.

En revanche, l'appât « électrifié » fonctionne très bien : il faut éparpiller par terre, un peu partout, des morceaux de viande traversés par un fil qui soit conducteur d'électricité à basse tension. Ainsi, le chien qui mange l'appât se prend une légère décharge électrique directement sur la langue, et l'effet est incroyable : le seul problème est qu'il faille disposer de tous les ustensiles nécessaires.

Une autre bonne méthode, m'a-t-on dit, est d'utiliser des boulettes piégées avec du tartre émétique : le chien les mange et vomit, et il semble que cela le dissuade de prendre l'habitude de ramasser de la nourriture par terre. Personnellement, je n'ai jamais essayé, mais des dresseurs très compétents m'ont garanti que c'était une méthode très efficace.

Les autres « métiers » du chien

Jusqu'à présent, nous n'avons examiné que les « métiers » les plus connus du chien : la garde de la propriété du maître et sa défense qui, avec la garde des troupeaux, le trait et la chasse (qui n'est l'objet de cet ouvrage et qui n'est pas du ressort de l'auteur) sont les plus anciens métiers.

Aujourd'hui, dans le monde entier, on remarque que seules la garde, la défense et la chasse restent des métiers courants : la garde de troupeaux se limite à certaines régions et ne requiert que peu de sujets (voire de moins en moins), alors que le chien de trait, c'est-à-dire le chien de traîneau pour de longs déplacements, a pratiquement disparu depuis que les peuples dits civilisés ont découvert le scooter des neiges.

Lorsque un métier disparaît, ou que sont lancées des inventions qui rendent possible sa mécanisation, le chien qui est né et fait pour cela en subit toujours les conséquences. S'il ne sait rien faire d'autre, la race finit par s'éteindre (comme on a déjà pu le voir) ; s'il parvient à apprendre d'autres métiers, on le dirige vers ceux-ci, comme cela s'est produit dans le cas de nombreuses races de Bergers.

Cependant, le progrès et la civilisation, heureusement pour la race canine, ne se limitent pas seulement à détruire : si, d'un côté, on élimine certaines exigences, de l'autre on en crée en permanence de nouvelles. Et le chien est toujours là, prêt à les satisfaire en dépit des progrès de la mécanique

Saut avec rapport dirigé par N. Fabris

et de toutes les nouvelles découvertes technologiques et électroniques. Parce qu'en effet, le pauvre *Homo sapiens* postmoderne, qui se trouve si puissant et infaillible, n'a pas encore trouvé d'engin électronique capable de flairer une piste, ni d'entendre le faible appel à l'aide d'une personne sur le point de défaillir, ni de « voir » le sachet de drogue dissimulé dans le réservoir d'un véhicule ; alors que la « bête », primitive et inculte, sait faire tout cela avec un immense naturel.

De plus, l'homme postmoderne commence à se sentir mal à l'aise : s'il jette un coup d'œil alentour, il finit par étouffer un peu dans ce que l'on pourrait appeler, d'une façon légèrement rhétorique quoique réaliste, une jungle d'asphalte. L'homme postmoderne sent frémir en lui des réminiscences du primate qu'il fut un jour et qu'il voudrait laisser derrière lui : l'homme postmoderne commence à ne plus pouvoir supporter le béton, les décibels et les seringues, et il cherche désespérément à se rattraper à un coin de bonne vieille nature, afin de se sentir un peu moins étranger chez lui.

Et le chien est encore là, prêt à offrir une illusion de nature sauvage au maître qui se contente du vert des jardins, prêt aussi à suivre celui qui n'y croit plus, qui est fati-

Agility dog : passage de la passerelle

gué de se contenter des parcs coincés entre des gratte-ciel et meurt d'envie d'évoluer parmi la vraie nature.

C'est ainsi que le chien devient à nouveau chien de traîneau, chien de sauvetage en mer ou d'avalanche lorsqu'il s'agit de sauver la vie de quelqu'un qui a oublié d'être prudent, persuadé que la vraie nature était aussi sûre et confortable que le divan du salon. Le chien redevient assistant, se transforme en équipier, fait même des études d'infirmier pour aider les moins chanceux, découvre de nouveaux moyens de se rendre utile afin de défendre les hommes contre leur propre stupidité, comme dans le cas des chiens antidrogue.

Le chien est là et il sera toujours là : parce qu'il a besoin de nous, mais surtout parce qu'on a besoin de lui. Pour se souvenir de tout ceci, j'ai trouvé bon de dédier une partie de ce livre aux « autres » métiers, y compris les moins connus. Certains d'entre eux sont à la portée de tous, mais le dressage de la plupart d'entre eux est strictement réservé aux professionnels : ne vous attendez par conséquent pas à un véritable guide du « comment faire ». Cette partie du livre, plus que de parler de dressage en termes stricts, a tout simplement pour objet d'informer même les moins experts sur toutes les fonctions possibles d'un chien utile.

Les chiens de sauvetage

On peut diviser les chiens de sauvetage en trois grandes catégories : les chiens de sauvetage en montagne, de sauvetage en mer et les chiens de décombres.

Sauvetage en montagne

Le chien de sauvetage en montagne est par antonomase le Saint-Bernard : il y a encore peu de temps, il était le seul à être affecté à ce difficile et périlleux métier, parce qu'en effet, sa tâche comprenait des exercices (tels que la recherche, la découverte, l'excavation, la réanimation, le transport de la victime jusqu'au refuge le plus proche) qu'aucun autre animal ne semblait pouvoir faire avec le même naturel et les mêmes résultats probants. Le plus célèbre Saint-Bernard du monde, Barry, sauva 44 personnes pendant toute sa carrière : la dernière victime, qui n'avait pas compris qu'il était là pour le sauver, le prit pour un animal féroce et le blessa gravement, ce qui provoqua sa « retraite anticipée ». Si tout cela ne s'était pas terminé aussi tristement, Barry aurait certainement pu augmenter son record de vies humaines sauvées en montagne.

Pour moi, le Saint-Bernard, demeure l'unique « vrai » chien de sauvetage en montagne parce qu'il est justement le seul qui puisse assumer une fonction si délicate, même tout seul, sans l'aide d'aucun moyen technique moderne. Cependant, étant donné que des moyens de secours modernes existent, et qu'il serait ridicule de ne pas les utiliser, beaucoup de races de chiens sont désormais dressées au secours anti-avalanche et nous donnent des résultats très satisfaisants. Peut-être qu'ils ne pourraient parvenir seuls sur le lieu de la catastrophe, peut-être qu'ils n'auraient pas la force de traîner un homme sur une centaine de mètres sur la neige glacée, c'est pourquoi ils arrivent sur place en hélicoptère, et, une fois retrouvée la victime de l'avalanche, ils la « confient » aux officiels sanitaires qui s'en occupent certainement mieux que ne pourrait le faire notre bon vieux Saint-Bernard avec son tonneau autour du cou.

Le travail des chiens d'avalanche modernes est un travail pour super spécialistes et consiste uniquement à retrouver la personne ensevelie sous la neige. Les chiens utilisés aujourd'hui par le Corps National de Secours Alpin, sont bien sûr choisis en fonction de leurs ca-

UN « NEZ » PLUS EFFICACE QUE LA TECHNOLOGIE DE POINTE

Dans des conditions opérationnelles normales, un chien de secours réussit en une demi-heure à contrôler un hectare d'avalanche, avec quatre-vingts pour cent de chance de retrouver une personne disparue : tous les moyens électroniques les plus sophistiqués parviennent à fouiller la même quantité de neige en deux ou trois heures avec seulement cinquante pour cent de chance de succès. Il ne faut pas oublier qu'une personne ensevelie sous une avalanche ne peut survivre, en moyenne, que 30 à 40 minutes.

LA JOIE DE SAUVER UNE VIE

Les chiens de secours n'ont pas une vie facile, c'est pourquoi ils sont souvent mis à la retraite vers l'âge de sept ou huit ans parce que trop épuisés par leur travail : et pourtant, ils travaillent avec beaucoup d'enthousiasme et deviennent fous de joie lorsqu'ils arrivent à retrouver un disparu. Un maître-chien d'une école de secours alpin, que j'ai connu par le passé, me racontait que son chien, un véritable vétéran, était toujours heureux lorsqu'il découvrait que la victime était toujours vivante. Etant donné que je connais bien l'intelligence et la sensibilité des chiens, je n'hésite pas à croire en cette histoire, même si (en théorie du moins) un animal ne devrait pas faire la différence entre la vie et la mort.

ractéristiques mais également de leur taille : le transport aérien a des exigences très précises auxquelles ne correspondent pas les gros chiens comme le Saint-Bernard qui pèsent beaucoup trop lourd. Comme vous le lirez plus loin, il arrive également que les Saint-Bernard soient transportés par les hélicoptères pour un travail de sauvetage : mais, en général, on privilégie les chiens de taille moyenne. Les plus sollicités sont, par conséquent, les Bergers allemands, par exemple.
Jusqu'à l'âge de neuf mois, les chiots sont éduqués très simplement pour se rapprocher le plus possible de leur maître : à neuf mois, on commence le dressage spécialisé, avec la recherche de « fausses victimes », d'abord recouvertes d'une légère couche de neige, puis réellement « ensevelies » de plus en plus profondément.
Si le dressage dure plusieurs mois, c'est qu'il ne s'agit pas seulement d'apprendre à chercher avec son flair (chose relativement facile pour le chien), mais qu'il faut également savoir s'adapter aux exigences du secours moderne. Le chien doit se familiariser avec l'hélicoptère ; il doit apprendre à rester immobile dans les bras de son maître s'il se voit obligé de sauter en parachute sur la zone du sinistre : il doit résister au froid, au mal de pieds (essayez de marcher pieds nus sur la neige glacée pendant deux heures) en plein vent.
Je concluerai ce paragraphe réservé aux chiens de sauvetage par un très beau texte que l'auteur G. Morsiani, fils de A. Morsiani, juge et éleveur de Saint-Bernard, m'a gentiment autorisée à insérer dans mon livre.

Mont-Blanc : S.O.S. Saint-Bernard

par G. Morsiani

L'hélicoptère sort brusquement de derrière l'Aiguille du Midi, et descend, léger, entre les cimes de glaces dentelées, alors que l'atmosphère, raréfiée du fait de l'altitude, s'emplit d'un fracas assourdissant. Ce « monstre » technologique que sera toujours l'hélicoptère semble presque profaner, par son aspect insolite, ses couleurs criardes et le bruit fracassant de ses moteurs, le panorama vierge des cimes blanches et bleues, et des glaciers aux innombrables crevasses. Un paysage surnaturel, lunaire, apocalyptique au milieu duquel l'homme prend pleinement conscience de ses faiblesses et de son impuissance. Ce sont des endroits où la vie, au sens strict, est impossible : seuls, la glace, la neige, les bourrasques, les avalanches et surtout le froid, un terrible froid semblable à celui des terres polaires les plus lointaines, règnent en maîtres incontestés. Et pourtant, dans cet hélicoptère, il y a la vie, qui descend du ciel : une

Exercice de sauvetage exécuté par des Saint-Bernard sur le Mont Blanc (photo G. Morsiani)

poignée d'hommes accompagnés de leurs fidèles assistants canins atterrissent sur la mer de Glace, à 3 500 m d'altitude ; les chiens attendent impatients aux pieds de leurs maîtres : il est onze heures en ce 14 janvier 1989. Les chiens descendent rapidement, alors que les pales de l'hélicoptère tourbillonnent encore en soulevant des nuages de neige. Ils s'élancent immédiatement, flairant la banquise de glace, dans toutes les directions, suivis à distance par leurs maîtres. On voit tout de suite que ces chiens sont nés pour ce travail : alors qu'ils courent sans jamais glisser sur la glace, ouvrant ainsi la piste, même dans d'importantes hauteurs de neige, et évitent les crevasses comme s'ils connaissaient parfaitement les lieux, les hommes, eux, avancent péniblement, gênés par leur équipement lourd et encombrant, et fatigués par l'altitude. Chaque chien est muni d'une radio, coincée dans son collier, qui lui permet de

Chien Saint-Bernard au travail pendant un exercice de sauvetage (photo G. Morsiani)

rester en permanence en contact avec son maître.
Quelques minutes sont passées lorsque la chienne guide, Nara, aboie frénétiquement : ses compagnons la rejoignent et s'approchent immédiatement d'une crevasse cachée par un amas de neige : c'est l'endroit où s'est arrêtée l'avalanche. Quelqu'un gît là-dessous, peut-être est-il encore vivant, au bord du gouffre devant la Dent du Géant. A tour de rôle, les chiens commencent à creuser, et soulèvent la neige avec puissance tout en aboyant pour guider leurs maîtres. Très vite, la chienne s'enfile complètement dans la galerie : elle est en train d'attraper quelque chose. Peu après, on voit poindre une main, puis un bras, et enfin apparaît le corps inanimé d'un homme, entièrement recouvert de neige ; son visage est livide, ses yeux clos. La mort blanche a-t-elle fait une autre victime ? Les chiens ne s'avouent pas vaincus, il se blottissent autour de l'inconnu

pour le réchauffer, ils lui lèchent les mains et le visage, cherchent à le sortir de cette torpeur qui semble irréversible. Mais contre tout espoir, au moment même où arrivent les sauveteurs « humains », l'homme ouvre les yeux, bouge les paupières et s'accroche instinctivement au cou puissant du grand chien qui est le plus proche de lui. Ces chiens, ces bons samaritains des montagnes lui ont sauvé la vie : désormais les autres hommes prendront la relève et s'occuperont de lui, mais jamais il n'oubliera ces grands animaux qui méritent qu'on les respecte autant que leurs collègues humains.

C'est une chose d'en parler ou de lire des témoignages, mais c'est bien plus impressionnant d'assister en direct à une opération de sauvetage, même simulée, en plein hiver et, en plus, sur le Mont-Blanc. Quand la télévision italienne m'a proposé d'amener le Groupe de Travail du Club du Saint-Bernard et son hélicoptère au cœur des Alpes, afin de terminer les prises sur le Saint-Bernard pour une émission (Chats, Chiens et compagnie), j'ai accepté avec enthousiasme, même si je ne vous cache pas que de telles entreprises sont loin d'être de la rigolade, aussi bien du point de vue de l'organisation que du point de vue de la logistique. Et pourtant, une fois encore, notre club a su se surpasser, et ce, grâce aux responsables du Groupe de Travail et à leurs merveilleux chiens. Je tiens d'ailleurs à remercier officiellement M.-G. Lori Bisi, G. Bisi et Mirko Mammi qui, avec les célèbres Nara et Agor du Secours et également le nouveau venu Sanson, nous ont permis de vivre une expérience inoubliable.

Saisissant l'occasion de ma récente et excitante expérience, il me semble opportun de faire certaines remarques afin de couper court à certains lieux communs.

Il semblerait que le sauvetage en montagne, tel qu'il est organisé actuellement, a réduit au minimum la responsabilité du chien, vu que désormais l'homme fait le travail tout seul, assisté par des moyens techniques de pointe comme les hélicoptères, les scooters des neiges, les tracteurs, les excavatrices, les radiotéléphones, les sondes, les révélateurs acoustiques et thermiques, les foreuses, etc. Le travail du chien, qui est transporté sur les lieux du sinistre par voie aérienne, consiste à explorer brièvement une zone donnée, ce qui permet à beaucoup de races - même non spécialistes de la montagne - d'être employées de façon très utile (comme le Berger allemand, par exemple). En d'autres termes, ce sont les nouvelles inventions techniques qui ont remplacé le Saint-Bernard dans la montagne, et pas, comme le prétendent certains, d'autres races canines dites « meilleures », tout comme le moteur à explosion

Recherche et découverte d'un disparu (photos G. Morsiani)

s'est substitué au trait animal. L'activité d'un vrai chien de décombres en montagne (primordiale jusqu'à la Seconde Guerre mondiale) ne peut se développer aujourd'hui que lorsque les forces humaines et techniques ne peuvent accéder au lieu du sinistre en raison de problèmes d'environnement, de météo ou de logistique, ou si se reproduisent les conditions où le chien était obligé de lutter, seul, contre l'adversité de la nature.

C'est uniquement dans de telles circonstances, impliquant un investissement total de l'animal qui va jusqu'au bout de ses limites vitales, qu'on comprend et qu'on juge à sa juste valeur le travail du Saint-Bernard, véritable chien de haute montagne, et qu'on peut se rendre compte que les autres races ne sont absolument pas adaptées à ce genre de travail.

Le Saint-Bernard, en période de sauvetage, faisait quasiment tout, tout seul, sortait en éclaireur, parcourant la montagne des journées entières, suivant les pistes ensevelies sous une épaisse couverture neigeuse avec un instinct infaillible, évitant crevasses et précipices (les chiens ne s'éloignaient jamais du « pion », sentier tracé sur la neige). Parvenu sur le lieu de l'avalanche (le plus souvent après des heures de marche), il percevait la présence d'individus ensevelis jusqu'à plus de trois mètres de profondeur, il creusait lui-même la galerie jusqu'à la victime qu'il dégageait seul, le plus souvent, il la réanimait, lui redonnait des forces, et la transportait même parfois au refuge le plus proche.

La fonction de secouriste exigeait du chien de nombreuses capacités telles que : un flair exceptionnel, un sens de l'orientation extraordinaire, et la capacité d'éviter les avalanches pendant les travaux d'approche (d'après des expériences scientifiques sérieuses, les chiens de cette race peuvent signaler, quelques minutes à l'avance une bourrasque de neige ou une avalanche). Donc le Saint-Bernard est capable de percevoir des ondes sonores à des fréquences supérieures à 20 kHz (ce qui représente la limite de l'espèce humaine) avec des pointes allant jusqu'à 80 à 100 kHz (c'est-à-dire des sons provenant d'une distance quatre à cinq fois supérieure à celle que peut percevoir l'homme). Cela signifie, par conséquent, que les chiens sont capables de percevoir la très faible onde sonore provoquée par le déplacement d'air qui précède de quelques minutes l'avalanche due à la chute de masses de neige à haute altitude.

Quant à l'odorat (qui est quatorze fois supérieur à l'homme chez le chien), tout le monde sait que le Saint-Bernard est l'un des plus doués en la matière, non seulement grâce à des tests expérimentaux, mais également grâce à l'ampleur du soma de la membra-

L'appareil olfactif du Saint Bernard est parfaitement fonctionnel même dans l'atmosphère raréfiée de la haute montagne (photo G. Morsiani)

ne de Schneider (en particulier de sa partie supérieure autrement nommée *locus luteus* d'Ecker), et aux sinus frontaux beaucoup plus développés que chez les autres races de travail, qui lui concèdent un flair incroyable, même à grande distance, qui lui permet de percevoir les odeurs les plus lointaines. Cette sélection naturelle qui remonte à la nuit des temps, a non seulement affiné au plus haut point l'appareil olfactif de ce « Géant des Alpes », mais elle l'a également rendu capable de survivre dans l'atmosphère raréfiée de la haute montagne. Selon de très récentes études (également citées par le cynologue Desmond Morris dans l'un de ses livres), le Saint-Bernard (et il serait le seul dans ce cas) posséderait des cellules olfac-

tives semblables aux rayons infrarouges (ce qui lui permettrait de percevoir les ondes thermiques émises par des corps encore en vie même sous la neige ou les décombres). En outre, le Saint-Bernard est capable de marcher jour et nuit sur la glace sans s'arrêter à cause de blessures aux coussinets plantaires, contrairement aux autres races qui ne sont pas montagnardes. De plus, aucun chien ne sait se frayer un chemin sur la neige, même très épaisse, aussi facilement que le Saint-Bernard, que ce soit aussi bien pour la conformation de ses énormes pattes, que pour l'importance de sa capacité thoracique. Sans compter la conformation de son train arrière (héritage de ses ancêtres montagnards), qui lui facilite l'ascension en côte. Son poids est également un facteur non négligeable aussi bien pour développer une puissance adaptée au travail à fournir que pour résister et se défendre contre les intempéries (la résistance au froid est d'autant plus grande que la surface du corps, en rapport à la masse, est inférieure), ceci abstraction faite de l'épaisse fourrure qui, chez le Saint-Bernard comme chez le chien des Pyrénées ou le Mâtin du Tibet est caractéristique des chiens de montagne.
Pour conclure, on peut affirmer que l'homme a perfectionné, par le biais de la sélection, chez les vrais chiens de sauvetage comme le Saint-Bernard, les aspects com-

Un Terre-Neuve est descendu de l'hélicoptère (photo Germinario)

portementaux caractéristiques des chiens de Berger (qui possèdent dans leur génotype le déclin des instincts prédateurs ataviques du loup) transformant et développant chez le chien le concept d'animal égaré qu'il faut retrouver. En d'autres termes ce qui, chez le chien de Berger ou le Bouvier, est représenté par l'animal perdu, est représenté chez l'authentique chien de sauvetage par l'homme en danger. Le mécanisme qui se déclenche alors peut se comparer aux stimuli olfactifs qui, par exemple, poussent le chien de chasse à suivre les odeurs émanant de la proie, et le chien de Berger à se lancer sur les traces de l'animal égaré. En effet, que ce soit le gibier, les animaux de la meute, ou l'homme en danger, tous émettent une odeur très facilement repérable par un chien bien dressé. Ceci permet par conséquent, au chien de chasse de retrouver sa proie, au chien de Berger de localiser et de récupérer la brebis égarée, et au chien de sauvetage, qui représente le plus haut degré d'évolution jamais atteint par l'espèce canine, par le biais de la sélection, de retrouver la victime et de l'amener en lieu sûr.

Sauvetage aquatique

En théorie, ce travail peut être à la portée de nombreuses races, mais il existe toutefois une race particulièrement spécialisée dans ce domaine : le Terre-Neuve totalement conçu pour nager, doté d'un pelage complètement imperméable, voire de « palmes » (il a le bout des pattes palmé), le Terre-Neuve est né..... maître nageur-sauveteur : au cours des siècles, la sélection humaine a terminé l'œuvre de la nature en améliorant ses capacités athlétiques, et en travaillant admirablement sur son caractère afin d'éliminer le plus petit signe d'agressivité et de créer en lui un amour absolu de l'homme qu'il considère réellement comme son ami le plus cher.

Même sans être dressé, un chiot de Terre-Neuve de quelques mois se mettra en quatre pour sauver un homme en difficulté : il arrive même que le chien se lance au « secours » d'un baigneur qui nage tranquillement, sans aucun problème, comme cela m'est arrivé un jour, il y a quelques années.

C'est pourquoi l'une des premières choses à enseigner au Terre-Neuve est l'ordre « tourne ! » : le chien doit apprendre à nager avec son maître ou d'autres personnes sans pour autant les « sauver », et à garder ses distances parce qu'en nageant il pourrait griffer quelqu'un en s'approchant de trop près.

Il n'est pas évident de faire comprendre au chiot que les humains savent également nager, peut-être parce qu'ils nagent d'une façon qui lui paraît très étrange et qui,

plus est, lui donne l'impression de se débattre dans l'eau : comment font-ils pour ne pas couler ?
Quand, enfin, son œil est « familiarisé » avec la façon de nager des humains, et qu'il a appris à garder une distance de sécurité par rapport à ceux qui sont tranquillement en train de nager, sans se noyer le moins du monde, on peut commencer à dresser le Terre-Neuve au sauvetage, ce qui comprend en particulier des exercices de rapport (sur terre comme dans l'eau) parce que c'est en réalité le travail qu'il devra accomplir : saisir entre ses dents le bras de la victime et l'entraîner vers la rive comme s'il s'agissait d'un petit jouet. De la même façon, le Terre-Neuve apprend à ramener des canots pneu-

Une autre phase du travail d'un Terre-Neuve (Photo Germinario)

Un Terre-Neuve se jette à l'eau pour secourir un baigneur en difficulté

matiques et des petites embarcations. Les possibilités d'utilisation du chien de sauvetage dans l'eau sont évidemment très nombreuses, et, si on ne devait, en France, respecter une loi qui interdit aux chiens l'accès aux plages, le Terre-Neuve pourrait, chaque année, sauver des dizaines de vies humaines.

Depuis très longtemps victime d'une espèce de Caniche « hors la loi » appartenant à l'une de mes amies et qui, régulièrement, chaque été, m'enterre parce qu'il adore creuser des trous à trois centimètres de mon visage quand je prends un bain de soleil (avec une maligne prédilection pour les moments où je reviens de la douche), je dois avouer que cette loi n'est peut-être pas si mauvaise, et que dans certains cas, il serait préférable d'obliger certaines personnes à la respecter. Cependant, je ne voudrais pas être trop catégorique. D'abord parce que cette espèce de peste de caniche se fait toujours pardonner, après m'avoir enterrée, en m'offrant d'incomparables moments balnéocanins (à tel point que, quand il n'est pas là, au lieu de pousser des soupirs de soulagement, il me manque réellement). Ensuite parce que les cynophobes ont également le droit de se détendre sur la plage sans être dérangés. Mais un Terre-Neuve dressé ne gêne personne : il ne fait pas de trous dans le sable, et n'effraie pas les enfants. Le Terre-Neuve se conduit comme une « personne très sérieuse », il se contente de patrouiller consciencieusement sa zone d'intervention, ne bondit qu'en cas de danger, ne cause aucune gêne et, en contrepartie, il peut sauver de nombreuses vies humaines.

DE L'UTILITE DES CHIENS DE SAUVETAGE

Les chiens sauveurs, comme le Terre-Neuve, le Saint-Bernard sont parfaitement dressés, non seulement pour porter secours aux baigneurs et aux montagnards en difficulté, mais également pour respecter ceux qui n'ont pas besoin de leur aide, faisant ainsi preuve d'un maximum de politesse (chose que ne font pas toujours les enfants, les adolescents et leurs semblables).

Nous espérons beaucoup que les gens qu'ils soient sur une plage ou en montagne accepteront volontiers, et c'est le plus souvent le cas, la présence et l'utilité d'un tel assistant à quatre pattes et décideront de laisser le libre accès aux plages, au moins aux sujets munis du brevet, leur permettant de mettre au service de tous, leur courage et leur infini altruisme.

Le chien anticatastrophes

Il existe une autre spécialisation difficile, récemment introduite en

Sauvetage en mer : Solange des Angeli Neri (photo Venturi)

Un Terre-Neuve traîne un canot pneumatique

cynophilie : les chiens anticatastrophes, utilisés par la protection civile.

Le dressage de ces chiens ressemble beaucoup à celui des chiens de secours alpin, parce qu'eux aussi doivent retrouver des personnes ensevelies, mais cette fois sous les décombres, lors d'effondrements, de tremblements de terre, d'inondations, etc.

Souvent, leur travail est rendu plus ardu par un environnement difficile : ces chiens doivent, par conséquent, apprendre à surmonter n'importe quelle difficulté, à ne craindre ni le feu, ni la fumée, ni l'eau, à défoncer des vitres pour entrer par les fenêtres, à monter et descendre des échelles, à avancer d'un pas assuré sur de frêles passerelles et ainsi de suite.

Le dressage est plutôt long et coûteux, et l'on préfère en général, les chiens de taille moyenne au caractère sûr et équilibré, dont le flair est naturellement infaillible : c'est le Berger allemand qui, comme toujours, vient en tête.

Le dressage commence dès leur

Simulation d'intervention : recherche du disparu. A. Tassi avec le chien Boy

plus jeune âge en créant un parfait binôme chien-maître et en socialisant le chiot avec le monde à deux pattes.

Vers l'âge d'un an commence la phase dite de « marquage » semblable à celle du dressage des chiens d'avalanche, le chien est confié à une seconde personne et doit apprendre à dénicher son maître qui se dissimule dans une grande boîte en bois, dans un tuyau de ciment ou autres cachettes, voire sous des décombres simulés pour l'occasion. Le chien doit aboyer très fort dès qu'il identifie son maître.

Ensuite, on passe à la recherche d'un individu étranger dans des conditions et des environnements toujours différents, jusqu'à ce que le chien apprenne à signaler toute présence humaine dissimulée. La phase suivante du dressage comprend les exercices normaux d'obéissance et les exercices dits « gymniques » (passage sur une passerelle, dans un tunnel, rigide ou souple, sauts, etc.) : cette phase se déroule sur un terrain où est si-

Simulation d'intervention : découverte du disparu

mulée la catastrophe avec, par conséquent, de faux décombres, de l'eau et de la fumée.
Il est primordial que le maître possède lui aussi de grandes capacités athlétiques et morales, c'est pourquoi la protection civile est strictement réservée aux personnes jeunes, courageuses, dotées de bons muscles et de beaucoup de souffle.

Les chiens policiers

Le binôme chien-maître d'une unité cynophile de police (de la gendarmerie, ou de la répression des fraudes) est reconnu dans le monde entier pour ses résultats absolument fantastiques : seul ce genre de couple parvient à triompher de la difficulté des épreuves imposées aux chiens d'utilité. Ceci, est, bien sûr le fruit d'une réelle symbiose, et d'une vie commune vingt-quatre heures sur vingt-quatre. Le dressage normal d'un chien policier reprend, à quelques-uns près, les mêmes exercices que ceux que nous avons déjà vus : l'éducation, la défense du maître et la piste. Il existe, cependant, dans ce domaine des chiens « spécialisés » qui assument certaines tâches beaucoup mieux que d'autres.
Le type de dressage et les races utilisées peuvent varier énormément d'un pays à l'autre, mais il existe désormais, dans le monde entier, des centres spécialisés dans la préparation des chiens de piste, des chiens antidrogue et des chiens spécialisés dans la recherche d'explosifs.

Le chien de piste

Même si tous les chiens policiers sont parfaitement capables de suivre facilement une piste humaine, certaines races démontrent des aptitudes particulièrement développées dans ce domaine. C'est pourquoi, dans certains pays, on leur applique un dressage particulier. Le « pistard » par excellence est le Bloodhound ou chien Saint-Hubert, un gros limier à la face rugueuse, qui est très peu utilisé en France à cause de sa taille (70 cm de haut) mais qui, aux Etats-Unis, est considéré comme un chien de grande qualité dont les capacités sont largement supérieures à celles de ses congénères pour le travail sur piste.
Je voudrais introduire ici un extrait du « chien utile » de Piero Scanziani qui explique remarquablement la nature des quatre phases du travail sur piste des Bloodhounds.
Première phase : le chien, ou le couple sont amenés sur le lieu des recherches, où se trouve déjà énormément de monde, et où l'arrivée du véhicule qui transporte les chiens suscite un grand intérêt et une vive excitation. Les chiens

Saba di Likidado : l'unique Husky sibérien italien dressé pour la protection civile

se rendent parfaitement compte de l'atmosphère qui règne et de l'admiration dont ils font l'objet.

Deuxième phase : le chien ou le couple, descendent du véhicule A leur descente on leur fait renifler séparément, un vêtement, ou, par défaut, une empreinte ou au moins

Le harnais de piste

LES GRANDS LIMIERS

Parmi les plus célèbres limiers américains, nommons la femelle Sappho, qui suivait des pistes vieilles d'un jour à dix kilomètres à l'heure, et le mâle Boston, qui appartenait au pénitencier de l'Oklahoma, qui, dans les années 30 retrouva 33 évadés et continua à travailler malgré son âge avancé et une totale cécité due à une cataracte.

l'endroit où le disparu a été vu pour la dernière fois (que ce soit un criminel ou un honnête citoyen).
On maintient la tête du chien en l'air, puis on la laisse retomber sur le vêtement, l'empreinte ou le lieu quitté par l'individu. L'importance de cette deuxième phase, celle du départ, est capitale.
Troisième phase : nous sommes sur la piste, et le Bloodhound se trompe rarement : ceci est le travail pour lequel il est né, un travail qui lui plaît et qu'il accomplit avec beaucoup de finesse et de persévérance jusqu'à ce que la piste s'arrête.
Quatrième phase : nous voici parvenus à la phase de l'identification : le Bloodhound (qui a faim) se dirigera vers la personne retrouvée en lui faisant la fête, et en lui demandant ostensiblement de le récompenser pour les efforts fournis et le résultat obtenu.
Le chien ne fera pas la différence entre un parricide, un voleur ou un enfant disparu. Il sait seulement que, une fois le travail terminé, la personne retrouvée le récompense toujours par un morceau de viande. Les cajoleries, les gestes, les attitudes qu'il prendra seront décisives pour l'identification de la personne recherchée.
Un conseil : pour obtenir une bonne identification, il convient lors du dressage et des entraînements, de retarder le plus possible le mo-

Le chien se met à la recherche d'une piste

ment de la récompense de la part de la personne poursuivie.
Ceci pousse alors le chien à quémander sa récompense pendant un moment et avec force cajoleries : cette attitude, face à la personne recherchée rendra l'identification évidente. Ce que notre assistant à quatre pattes ignore c'est que l'homme n'a pas dans sa poche le morceau de foie tant désiré, et qu'il préférerait certainement offrir un coup de révolver au chien qui l'a découvert plutôt qu'une récompense.

Je ne sais pas s'il en est toujours ainsi aujourd'hui, mais lorsque Scanziani écrivit son livre, le code pénal américain reconnaissait l'identification d'un coupable uniquement si elle était faite par un Bloodhound de pure race.
Le chien de piste peut travailler seul ou en couple (dans certains cas, si rares, on a pu voir trois chiens travailler ensemble) : on commence le dressage vers l'âge de dix-huit mois, et il dure environ six semaines.

Le chien antidrogue et le chien pour la recherche d'explosifs

Le chien antidrogue, qui est un chien policier hautement spécialisé, est indiscutablement l'un des plus utiles dans la lutte contre le trafic de stupéfiants, qui arrivent de l'étranger particulièrement bien cachés pour passer les contrôles douaniers.
Seul le chien, grâce à son flair, peut parvenir à trouver la drogue dissimulée avec soin dans le creux de la roue de secours, voire dans le réservoir du véhicule ; sauf en cas de « tuyau » providentiel qui donnerait l'alarme aux agents territoriaux, ce sont des gens insoupçonnables, presque toujours irréprochables qui passent la drogue aux frontières, feignant de voyager en famille, ou prenant comme couverture leur condition d'hommes d'affaires respectables. Il est évident qu'il serait impensable de démonter chacun des véhicules qui traversent la frontière. C'est pourquoi, les chiens deviennent des assistants irremplaçables en ce domaine, car ils fournissent des indications précises sur le lieu et le moment où l'on doit chercher. Les chiens antidrogue sont également employés dans les aéroports, dans les gares maritimes et ferroviaires.
Il existe deux écoles pour l'éducation et l'entraînement des chiens antidrogue : l'une est anglaise, l'autre américaine. La première se base essentiellement sur l'instinct à jouer, et sélectionne les chiens les plus vivants et joyeux, la seconde, par contre, choisit des sujets qui ont du caractère et sont très possessifs, avec une forte tendance au rapport. C'est la seconde méthode qu'on utilise le plus souvent : elle tend à conditionner le chien afin que le rapport devienne une obsession. Evidemment, pas avec de la drogue mais avec un jouet en toile en forme de saucisson. Depuis son plus jeune âge, le chien est dressé à chercher son jouet dans des endroits de plus en plus difficiles. Puis, dans un deuxième temps, on va lui appren-

IL N'Y A PAS DE CHIENS DROGUES

C'est un préjugé de croire que les chiens antidrogue (presque exclusivement des Bergers allemands) ont besoin d'être drogués pour être d'un « rendement » maximum. C'est un argument d'autant plus stupide que le chien est dressé à ce travail particulier, et qu'il y répond avec toute la joie, la précision et l'enthousiasme dont il est capable pour faire plaisir à son maître.
En réalité, le dressage du chien antidrogue est complètement étranger à ce genre de pratique pour le moins douteuse.

dre à associer l'odeur de la drogue à sa « récompense », et le chien va ainsi se lancer désespérément à la recherche de la drogue, uniquement parce qu'il sait qu'après, il pourra jouer avec son saucisson de toile adoré.

La méthode anglaise met, quant à elle, plus l'accent sur le flair, et ce dès les premières phases du dressage : dès le début on utilise un morceau de tissu imprégné de hashish, de marijuana ou d'autres drogues, avec lequel on fait jouer le chien et qu'on lui apprend à rapporter sur ordre. Au cours de la phase suivante, on commence à utiliser un ordre spécial qui indique qu'on parle de drogue (« kruj », par exemple) : le chien doit comprendre petit à petit que « cherche ! » est l'ordre pour la piste ou la recherche d'objets quelconques, alors que « kruj ! » est réservé à la recherche de substances qui ont une odeur particulière (celle de la drogue).

Lorsqu'il la découvre, il est récompensé par un morceau de viande.

Les étapes suivantes du dressage sont pratiquement les mêmes que les deux méthodes : une fois que le chien a appris à chercher la drogue, on lui apprend à aboyer pour signaler sa trouvaille.

Ensuite, on augmente la difficulté, on cache la drogue dans des endroits de moins en moins accessibles, près de sources d'odeurs de plus en plus fortes, de façon que le chien apprenne à ne pas se laisser distraire, ni par l'odeur d'une femelle en chaleur, ni par celle de la viande, ou d'un morceau de foie bouilli (qui pourrait réellement lui faire tourner la tête !).

Le chien est alors capable de trouver la drogue dans n'importe quelle cachette, ou sur n'importe qui en ignorant totalement les autres odeurs.

En général, le chien est également dressé à la défense et à l'attaque, car il doit souvent faire face à un accrochage physique avec le trafiquant ou le toxicomane qu'il a identifiés.

LES CHIENS DRESSES POUR LA RECHERCHE D'EXPLOSIFS

Les chiens dressés pour la recherche d'armes ou d'explosifs sont, plus ou moins, dressés selon les mêmes critères que les chiens antidrogue. Depuis leur plus jeune âge, ces spécialistes sont familiarisés à l'odeur caractéristique de la poudre noire et des lubrifiants utilisés pour les armes, et la suite du dressage tendra à convaincre le chien que chaque fois qu'il identifiera ces odeurs particulières, il sera récompensé par des caresses, des morceaux de viande et des jeux.

« Docteurs » et « infirmiers »: les chiens utilisés dans un but humanitaire

Le dressage des chiens-guides pour aveugles et les chiens auxiliaires pour sourds et handicapés physiques est strictement réservé aux professionnels : outre le fait qu'il requiert une très grande expérience et beaucoup d'adresse, ce travail doit se dérouler dans un environnement spécial, en particulier pour le guide d'aveugle qui doit apprendre à marcher avec désinvolture en plein trafic urbain et qui est dressé dans de véritables « villes » reconstruites dans les centres de dressage.
Par conséquent, il est évident que ce n'est pas un travail à la portée de tous : je ne fournirai ici qu'un bref aperçu de ces activités très importantes, rappelant que dans la plupart des cas, le dressage d'un chien pour un travail à caractère sanitaire est très long et excessivement cher, et que de ce fait, les sociétés et autres organismes qui s'en occupent ont grand besoin d'une aide financière de nous tous.

Le chien-guide pour aveugles

En France on utilise surtout des Bergers allemands, plus faciles à repérer : ce sont toutes des femelles stérilisées afin d'éviter tout problème lié au sexe. Dans d'autres pays on préfère les Labradors ou les Golden Retrievers, même si en théorie on peut confier cette tâche à n'importe quel chien de taille moyenne.
Le bon âge pour débuter le dressage varie entre douze mois et quatorze mois : la période d'entraînement dure environ quatre mois après lesquels on utilise la méthode Hantke, certainement plus longue et compliquée que celles déjà existantes, mais la seule qui garantit l'obtention d'un chien vraiment fiable en n'importe quelle occasion.
Les phases du dressage sont les suivantes :
Premier mois : exercices de soumission. En plus des exercices d'obéissance classiques, le chien apprend la conduite avec la laisse et avec le harnais. Le chien devra comprendre petit à petit qu'il existe une grande différence entre les deux : lorsqu'il n'est équipé que de la laisse, il doit se considérer comme un chien « normal » et peut obéir à tous les ordres qu'il reçoit, qu'il s'agisse de sauter un obstacle ou de passer sous une échelle. En revanche, lorsqu'il est harnaché, le chien ne doit absolument pas obéir à des ordres qui pourraient mettre en péril la vie de son maître.
Ce n'est que par un long conditionnement que l'on parvient à obtenir un tel résultat, mais ceci n'est qu'une étape avant le succès

final : en fait, va arriver le moment où le chien comprendra que le maître qui le tient en laisse y voit, alors que celui qui le conduit au moyen du harnais non. Ce processus mental - très simple pour l'esprit humain - est en réalité très difficile à comprendre pour un animal, et le fait que le chien parvienne à faire la différence entre un voyant et un non-voyant est un autre exemple de sa remarquable intelligence.

Deuxième mois : circulation artificielle. Le chien commence à circuler en trafic urbain simulé d'une petite ville recréée sur le terrain même du dressage, et son instructeur travaille presque tout le temps avec un cache sur les yeux afin de se mettre totalement dans la peau d'un aveugle. C'est la seule solution pour que l'instructeur évite de guider le chien (même inconsciemment), et qu'il réussisse à se fier complètement à lui comme le fera, par la suite, son véritable maître.

Pendant toute cette période, le chien va apprendre à éviter tous les dangers possibles, à toujours garder une distance d'au moins soixante centimètres autour de la personne qu'il guide, à ne pas avoir peur et à ne pas réagir face à des stimuli imprévus comme des bruits de moteurs qui vrombissent, des chats qui lui coupent le chemin, des coups de feu, etc.

Le chien sera confronté à tous les obstacles qui lui sera donné de rencontrer à l'avenir dans une ville réelle et on le conditionnera à éviter non seulement ceux qui pourraient le gêner sur sa route, mais également ceux auxquels il ne prêterait pas même attention mais qui pourraient être très dangereux pour la personne qui le conduit (comme un câble tendu à hauteur d'homme ou une échelle sous laquelle il passerait sans aucun problème mais que le maître ne pourrait éviter). En fait, cela demande au chien un très gros effort intellectuel car il doit considérer son maître comme une extension de son propre corps.

Troisième mois : circulation naturelle. Le chien et son instructeur (les yeux masqués) affrontent ensemble la réalité du trafic urbain. En général on commence par une petite ville tranquille, avant de passer à la ville de taille normale, voire grande. Le chien et son maître sont suivis d'un second instructeur qui pourra agir promptement en cas d'erreur du chien.

Quatrième mois : instruction de l'aveugle et du chien. Pendant la dernière phase du dressage, le chien commence à travailler avec celui qui sera définitivement son véritable maître. Celui-ci devra dès lors apprendre à se fier totalement à son guide. Il n'est pas toujours facile d'obtenir immédiatement une telle symbiose, parce que parfois l'homme est aux prises à une espèce de blocage psychologique qui l'empêche d'avoir totalement confiance en son chien. Pendant cette période, les instructeurs de l'école doivent puiser dans leurs ressources psychologiques plus que dans celles de dresseurs (c'est pourquoi ils sont parfaitement formés à la psychologie des non-voyants). Par conséquent, à la fin de cette période le binôme chien-maître est enfin capable de quitter l'école prêt à affronter la vie de tous les jours avec confiance.

Chiens auxiliaires pour sourds et sourds-muets

L'utilisation de ces chiens est plutôt récente et des écoles ont commencé à ouvrir leurs portes ces dernières années, essentiellement aux Etats-Unis et en Grande-Bretagne.

Le choix des races est plutôt éclectique, et dépend également de l'environnement dans lequel est le sourd ou le sourd-muet. La plupart du temps, ces personnes habitent en ville en appartement, par conséquent, le chien idéal est d'une taille légèrement inférieure à la moyenne, à poils ras/courts, sans odeur et facile à entretenir. Dans certains cas, en particulier pour les personnes âgées qui vivent seules, on dresse également des chiens à poils longs ou dont le pelage réclame des soins attentifs afin que leur maître, inactif, puisse s'occuper à les toiletter et trouver ainsi le temps moins long - ce qui peut se révéler être un soutien psychologique non négligeable -. Le chien est dressé pour prévenir son maître de tous les sons qu'il ne peut percevoir, depuis la sonnette de la porte d'entrée jusqu'au téléphone. Si le maître est sourd-muet et qu'il a un voisin serviable, prêt à l'aider, le chien pourra aller le chercher afin qu'il réponde au téléphone ou accueille les invités.

Le chien est un grand soutien moral pour son maître sourd-muet, qui tout seul ne peut demander de l'aide en cas de danger. Le fait de savoir qu'il possède un auxiliaire toujours prêt à le défendre, rend le sourd-muet beaucoup moins tendu et nerveux, ce qui lui permet de mener une vie calme et agréable, presque totalement normale.

Chiens auxiliaires pour handicapés physiques

Cette spécialisation n'en est encore qu'à ses prémisses, elle est actuellement en phase d'expérimentation dans certains pays : on dresse des chiens capables de faire fonction de « main » pour les tétraplégiques et autres porteurs de handicap.

Ceci reste, pour le moment, un domaine à exploiter, mais il devrait donner ses premiers résultats en permettant aux malades de retrouver confiance en eux et de découvrir une autonomie jusque-là inespérée.

Le chien en thérapie psychique : la pet-therapy

Le traitement de problèmes psychiques par la présence d'animaux de compagnie, en particulier pour socialiser les enfants autistes, se révèle très positif : on a déjà vu des enfants apparemment totalement coupés du monde extérieur, surmonter leur blocage grâce à la présence d'un chien, d'un chat ou d'un cheval qui sont parvenus à faire tomber les barrières psychologiques qu'ils s'étaient créées.
En général, les chiens utilisés pour la pet-therapy n'ont pas reçu de dressage spécifique : ils doivent rester eux-mêmes, ce qui suffit, la plupart du temps à créer un rapport de confiance et d'amitié avec ces êtres qui refusaient de s'ouvrir sur le monde extérieur.

LA PET-THERAPY POUR TOXICOMANES

Il existe un type de pet-therapy qui utilise les chiens dans un programme de récupération des toxicomanes ; il est prouvé que dans ce cas présent le contact avec les animaux, depuis le fait de s'en occuper jusqu'à la gestion d'un véritable élevage, peut être d'un grand secours pour les jeunes qui ont besoin d'un nouvel élan pour se libérer de cette servitude qu'est la drogue.

Il est évident qu'on ne sélectionne, dans cette optique, que des chiens parfaitement équilibrés, jamais nerveux et qui n'ont pas une fâcheuse tendance à mordre. La race n'a absolument aucune importance, la preuve est que la plupart de ces pets sont de purs petits bâtards pleins d'amour.

Les chiens sportifs

Les courses de Lévriers, pour ne citer qu'elles, ont des origines très anciennes.

Toutefois, aujourd'hui, il est possible de pratiquer un sport « avec » son chien au lieu de se contenter de le regarder en misant éventuellement sur lui. Bien sûr, on considère également comme cynophilie sportive une activité qui engagerait aussi bien le chien que son maître dans une épreuve d'utilité ou dans le domaine de la chasse, cependant, les disciplines méritant le plus le nom de « sportives » sont assurément le sled-dog (course de traîneau) et l'agility dog.

Les courses de chiens de traîneau

Il y a encore quelques dizaines d'années, le chien de traîneau n'était utilisé que pour les populations nomades du Grand Nord comme animal de trait : l'essentiel n'était pas d'aller vite, mais de se déplacer de lieu en lieu à la recherche du plus viable.

Son environnement d'origine ayant subi l'influence de la civilisation et du progrès technique, les peuples du Nord de la planète ayant découvert les scooters des neiges et autres inventions, le chien de traîneau serait certainement en voie d'extinction si l'on n'avait découvert ses aptitudes purement sportives.

Aujourd'hui, le sled-dog passionne des millions de personnes et, si l'on organise beaucoup de courses d'endurance, les courses de vitesse pure sont encore plus nombreuses.

Les sponsors investissent des mil-

liards dans cette discipline, et ceux qu'on nomme « mushers », les conducteurs, sont de plus en plus professionnels.
Pour obtenir de meilleurs résultats, on ne peut plus désormais utiliser en exclusivité de « vrais » chiens nordiques : la plupart de ces animaux sont, en effet, des métis aux pattes très longues, de véritables « sprinters » qui ne résisteraient pas même un jour s'ils devaient mener la vie d'un vrai chien nordique dans son milieu naturel, mais dont l'unique tâche est de courir comme des flèches sur quelques kilomètres. Pour le reste, l'homme pense à tout : il les équipe de petites bottes s'ils n'ont pas de coussinets plantaires assez robustes, de couvertures si leur pelage n'est pas adapté aux basses températures, et ainsi de suite.
De nos jours, les chiens de sled-dog sont quasiment tous des Alaskan Husky (qui n'est pas une race mais un mélange dont l'une des composantes est un chien nordique, en général un Siberian Husky) ou des Mixed Greyhounds (qui n'est pas non plus une race mais un métissage dont la dominante est le Lévrier). Il va sans dire que ces chiens sont très laids et uniquement sélectionnés dans un but sportif de compétition, que je ne conseille qu'à ceux qui veulent se lancer dans ce sport à un très haut niveau.
Tous les autres passionnés du sled-dog qui gardent encore un œil attentif sur la pureté des races nordiques, ceux qui s'intéressent autant à la cynophilie qu'au sport sans s'occuper des colossales sommes d'argent que cela peut rapporter, peuvent se lancer dans ces compétitions en tant qu'amateurs, en se délectant du remarquable spectacle d'abord, puis en s'inscrivant plus tard aux concours réservés aux chiens de pure race. Il est vrai qu'on n'obtient pas de grands résultats quant à la vitesse dans ce domaine, mais l'on a, par ailleurs, l'immense joie de voir courir des chiens nés pour ce travail, qu'ils font sans anxiété aucune, en s'amusant et en complet accord avec leur nature et pas du tout soumis au conditionnement humain. De plus, si on leur ôte leur harnais, ces chiens sont parfaitement aptes à monter sur un podium d'exposition de concours de beauté, dignes représentants de leur race, preuve vivante qu'on peut marier beauté et travail en cynophilie lorsqu'on respecte l'essence même du chien au lieu de le transformer en jouet en le dénaturant.
Je propose à ceux qui sont de mon avis et qui ont l'intention de se lancer dans le sport avec leur « vrai » chien nordique, de lire à la page suivante, avec attention les propos de N. Bettini, musher très compétent, sur le dressage du Siberian Husky au travail de traîneau.

Un passage spectaculaire de la course de sled-dog de Livigno

Dressage du chien de traîneau

par N. Bettini

La mode récente des chiens nordiques a donné envie à de nombreux propriétaires de chiens de traîneaux (les Sibérian Huskies en particulier) de se lancer dans le dressage.

Si l'on considère l'exubérance exacerbée de ces chiens et leur prédisposition naturelle à l'apprentissage des techniques de traîneau, il n'est sans doute pas vain d'exploiter leurs dons dès leur plus jeune âge.

Sans trop d'efforts, en profitant des promenades quotidiennes, vous pourrez enseigner à votre ami les bases indispensables du traîneau. Les méthodes utilisées n'exigent pas nécessairement la présence de neige : on peut très

bien harnacher le chien et l'attacher à la taille à l'aide d'une ceinture d'escalade, à un VTT, à une petite voiture ou si cela est possible bien sûr, à un traîneau.
Ce type de dressage fait travailler le chien tout à fait naturellement tout en faisant de lui un irremplaçable compagnon de randonnée. Il est effectivement très agréable de partir en promenade avec un chien qui marche devant vous en obéissant parfaitement aux ordres, sans fourrer son nez dans tous les buissons.

L'EQUIPEMENT

Le harnais*. Le harnais sert à attacher le chien, à l'aide d'une petite corde, appelée ligne de traîneau, à notre ceinture ou au moyen de locomotion qu'il devra tirer. Il n'est pas facile de trouver un équipement adapté au traîneau dans les magasins d'articles pour animaux, il est préférable de s'adresser à une école de chiens de traîneau ou aux rares magasins spécialisés en équipements sportifs qui s'occupent également de cette discipline. Si vous n'en trouvez pas, vous pouvez vous en confectionner un vous-même avec quelques mètres de corde d'escalade, une aiguille à laine pas trop grosse et un peu de tissu rembourré.*

Le collier*.. Vous pouvez également fabriquer un collier avec les mêmes matériaux que ceux utilisés pour le harnais.*

Le dressage

De 2 à 3 mois. C'est le moment où nous commençons en général à vivre avec le chiot, à lui faire comprendre qu'il peut compter sur nous et que nous sommes le chef de la meute. Pour lui, nous aimer et nous obéir constituent de grands privilèges. Son éducation doit être identique à celle des autres chiots et servir surtout à faire de lui un chien social, habitué à la foule et au bruit. Il est indispensable de multiplier les contacts avec l'extérieur parce qu'un chien timide ne pourra jamais travailler en meute.

De 4 à 5 mois. Après avoir surmonté les premières épreuves de la vie en « communauté », le chiot sera prêt à accepter son harnachement. Cela ne signifie pas qu'il doit commencer immédiatement à tirer (cela serait très néfaste à son physique et à son psychisme), il faut simplement qu'il commence à s'habituer à ses « vêtements de travail » dès maintenant. Appelez donc le chiot, montrez-lui son harnais et faites-le-lui flairer ; essayez ensuite de le lui enfiler gentiment en le plaçant entre vos jambes. Coincez-le entre vos mollets pour avoir les mains libres et enfilez-lui le harnais par le cou ;

Equipage d'Isabelle Travadon. Elevage de Saint-François, France (photo d'archive Ombre Lunghe)

faites ensuite passer les pattes dans le harnais en prenant garde de ne pas forcer sur ses articulations. Une fois le harnais installé sur le dos du chiot, n'oubliez pas de le caresser pour le rassurer : laissez-le renifler son nouvel habit, mais empêchez-le surtout de le mordiller ou de se retourner pour essayer de l'ôter.

Une fois que le chiot se sent en confiance avec son harnais sur le dos, vous pouvez commencer à le sortir en l'attachant à votre taille

Attelage de chiens du Groeland au travail (photo d'archive Ombre Lunghe)

Un sentier ou une route tranquille et droite, dépourvus de distractions, constituent le lieu de promenade idéal.
Ensuite, placez gentiment le chien devant vous en lui ordonnant « hike » ou bien « go ». Le rythme doit être assez soutenu, et même proche de la course : vous serez tout d'abord avantagé par la tendance naturelle des chiens de traîneau à courir devant vous. Au bout d'un certain temps, la curiosité poussera le chiot à s'arrêter pour flairer un peu le terrain : vous devrez alors lui lancer un grand « non », que vous ferez immédiatement suivre d'un « ahead » (tout droit).
Pour ce premier type d'entraînement, un parcours de 3 à 4 kilomètres est idéal et permet également au maître peu entraîné de suivre son chien avec l'attention nécessaire pour le corriger et prévenir les éventuelles distractions.
Lorsque le chien aura appris à aller droit devant lui, vous pourrez lui apprendre à virer à droite, puis à gauche. Commencez d'abord par emprunter un chemin ne présentant que des déviations à droite : arrivé au virage, donner l'ordre « gee » ou bien « right ». Ralen-

tissez le pas à proximité du croisement et donnez l'ordre lorsque la truffe du chien a pratiquement atteint la hauteur de l'intersection. Au début, le chien ne comprendra pas le commandement et vous devrez vous arrêter et le lui répéter jusqu'à ce qu'il prenne la direction voulue. Vous lui apprendrez à tourner à gauche exactement de la même façon avec le commandement « haw » ou « left ». Vous devrez également tout au long de ces exercices utiliser le commandement « whoa » ou encore « stop », chaque fois que vous vous arrêterez. Ainsi le chiot connaîtra déjà tous les commandements indispensables à son travail.

De 6 à 7 mois. Arrivé à cet âge, l'homme a de plus en plus de mal à suivre le rythme du chien : l'heure est arrivée de l'entraîner à l'aide d'un vélo, si possible un VTT doté d'excellents freins. Nous vous conseillons de porter une paire de gants et éventuellement un casque de cycliste, pour vous protéger des éventuelles chutes.

On utilise généralement une laisse d'une longueur de 1,50 m que l'on attache sous le guidon du vélo : le nombre de chiens peut aller jusqu'à trois selon le poids et les capacités du conducteur, et il est important de commencer par effectuer le parcours seul avant de s'y aventurer avec les chiens. Il est recommandé d'emporter toujours une seconde laisse, de sorte à pouvoir attacher le chien à un arbre si la nécessité venait à se présenter.

Le parcours doit faire entre quatre et sept kilomètres, et être effectué à une allure moyenne. A cet âge, le chien ne doit pas être trop forcé pour ne pas casser son rythme et son envie de courir.

Entre 8 et 12 mois. On peut, à cet âge, commencer à attacher le chien à un traîneau. Ce dernier est plus fatigant que la bicyclette et les parcours devront être réduits. Il faut donc toujours au moins deux chiens pour tirer un traîneau, le plus petit soit-il. En montée, le conducteur doit toujours descendre et aider le chien en poussant le traîneau : en descente, lorsque les chiens se lancent au galop, le musher doit légèrement freiner le rythme (pour fournir un appui aux chiens (une légère impression de traction), pour que ceux-ci ne s'abîment pas les articulations des épaules.

En l'absence de neige, et si vous possédez plus d'un chien (ce qui rend l'usage de la bicyclette difficile), vous pouvez essayer la charrette ou la voiture. Si vous utilisez une charrette, dites-vous bien qu'il est très difficile de l'arrêter lorsqu'elle est tirée par cinq ou huit chiens décidés à continuer coûte que coûte : mieux vaut avoir toujours à portée de main une corde pour fixer la charrette à un ar-

Un attelage de chiens nordiques pendant une course de sled-dog

bre ou à un poteau, au cas où un chat ou une poule menaceraient de vous mettre en danger.
Si vous vous servez d'une voiture, prenez garde à ne pas renverser les chiens qui pourraient s'arrêter à l'improviste pour une raison ou une autre. Mieux vaut dans ce cas être toujours deux, l'un surveillant les chiens et l'autre s'occupant exclusivement de la route, des commandements et de la direction à prendre.

Après un an. Le chien a atteint à présent une certaine maturité et est suffisamment développé pour que vous puissiez exiger davantage de lui. Les parcours sont de plus en plus longs et complexes et vous pouvez songer à vous inscrire à l'une des courses de traîneaux qui ont lieu tout au long de l'hiver dans les Alpes.

L'agility dog

Cette discipline relativement récente, inventée par le britannique Peter Lewis, fut présentée pour la première fois au Cruft's (la plus grande exposition canine britannique) en 1978, et depuis lors, elle a très vite fait le tour du monde, faisant de plus en plus d'adeptes sur son passage.

Le secret ? Tout le monde s'amuse comme des fous : les chiens, les maîtres et les spectateurs.

L'agility consiste en un parcours d'obstacles très semblables à ceux utilisés dans les concours hippiques : il y a des barrières verticales, le saut en longueur, le mur, la rivière, etc., plus d'autres obstacles purement « canins ». Comme le tunnel, la balançoire et la passerelle, qui bien sûr, ne seraient pas adaptés à la hauteur d'un cheval, mais qui contribuent grandement à animer le concours et à échauffer le public. Il y a également une petite épreuve d'obéissance, constituée d'une ta-

Agility dog : le pneu

Agility dog : la passerelle

ble sur laquelle le chien doit sauter pour ensuite rester en position « couché » pendant cinq secondes. Quoique très amusant, cela reste un sport très exigeant : le chien doit être en parfaite communion avec son maître qui peut lui donner des ordres de la voix ou du geste, mais qui n'a absolument pas le droit de le toucher. Le chien effectue son parcours complètement « nu », il lui est même formellement interdit de porter un collier antipuces. Le maître court à ses côtés et lui indique les obstacles à franchir, dont la disposition est évidemment modifiée à chaque concours. Il est indispensable que le chien connaisse tous les ordres de base du dressage : le rappel, l'arrêt (assis ou couché), l'envoi en avant, le couché libre. Afin

Un Bull Terrier lors d'une épreuve d'agility dog

d'obtenir de meilleurs résultats, il est nécessaire qu'il apprenne également des ordres comme « à gauche », « à droite ! » et bien sûr les ordres : « hop ! », « entre ! », « monte ! » typiques de l'agility.

L'agility est un sport adapté à tous les chiens, qu'ils soient de pure race ou non, de n'importe quelle taille ou presque (à l'exception des très grands chiens ; de même pour les très petits chiens qui seront plutôt destinés à la miniagility qui leur soumet des obstacles de taille réduite). Le chien devra, toutefois, posséder de grandes qualités physiques et un bon caractère : il est indispensable qu'il soit équilibré, agile et souple, qu'il ait une bonne attitude face au travail, qu'il soit parfaitement obéissant, qu'il ait un caractère

Un Briard en exercice sur la passerelle

fort et sûr, et qu'il soit bien préparé physiquement. La préparation physique est la base du travail d'agility, non seulement pour le chien mais également pour le maître qui ne saute pas mais doit parcourir tout le terrain en courant à côté de son chien : même si les meilleurs d'entre eux parviennent à faire moins d'efforts physiques ne jouant que sur la voix et les gestes pour gronder le chien, ils arrivent tout de même essoufflés en fin de parcours. L'âge idéal pour commencer le dressage se situe autour de 15 mois : il faut attendre que le chien ait atteint un développement physique complet, car faire sauter un chien trop jeune pourrait avoir des conséquences dommageables. L'âge idéal pour le maître va de 8-9 ans (les enfants français et belges sont de véritables « monstres » dans cette discipline...), jusqu'à épuisement du souffle et de la passion.

LES CONCOURS D'AGILITY

Les épreuves d'agility sont de types différents. Il existe trois genres d'épreuves homologuées et la miniagility pour chiens de petite taille, mais, en général, les clubs organisent également des épreuves non homologuées pour débutants, vétérans, etc.
Comme pour les concours hippiques, il existe un règlement qui prévoit une pénalité pour la chute d'un obstacle ou le refus : à la troisième incartade, on procède à l'élimination, du moins lors des épreuves officielles.
L'épreuve classique est l'épreuve « au temps », mais dans certains concours on organise également d'autres épreuves comme celle « aux points » ou le « parallèle » particulièrement spectaculaire à cause de la présence simultanée de deux chiens.

LES OBSTACLES

Saut en hauteur *: sur des barrières verticales, des haies, des murs.*
Saut en longueur *: sur un obstacle bas, long et plein. Il peut également s'agir d'une rivière.*
Pneu *: saut à travers un pneu fixé au-dessus du sol à une charpente qui l'empêche de bouger.*
Table ou zone d'arrêt au sol *: une petite table ou une zone balisée au sol sur laquelle le chien doit rester en position « couché » pendant 5 secondes.*
Tunnel *: il en existe deux sortes, le tunnel souple et le tunnel rigide. Le chien doit le parcourir très vite sans se laisser intimider par l'obscurité, et sortir à l'autre extrémité, où l'attend son maître.*
Palissade *: c'est le même type d'obstacle que celui utilisé dans les exercices de travail du chien d'utilité. Le chien doit monter et descendre en touchant à chaque fois les « zones de contact » peintes en rouge.*
Passerelle *: le chien doit parcourir le plus vite possible et sans peur une étroite passerelle aérienne. Il faut beaucoup de courage et surtout d'équilibre ; ici aussi, il faudra marcher sur des zones de contact.*
Balançoire *: il s'agit d'une planche que le chien doit parcourir, sûr de lui, en s'asseyant au centre sur l'axe de rotation, pour la faire basculer sans pour autant perdre l'équilibre. C'est un obstacle qui demande beaucoup de travail au chien qui, par essence, est instable, mais dès que l'animal comprend que c'est lui qui en provoque le balancement, cela devient pour lui très amusant.*
Slalom *: c'est certainement le passage le plus difficile : il s'agit de faire slalomer le chien entre des piquets. Cela demande une réelle complicité entre le chien et son maître.*

Index analytique

Achevé d'imprimer
en février 1998
à Milan, Italie, sur les presses
de Grafiche Milani

Dépôt légal : février 1998
Numéro d'éditeur : 5230